장영실, 신분을 뛰어넘은 천재 과학자

역사를 바꾼 인물들은 도전과 열정으로 역사를 바꾼 인물들의 일생을 만날 수 있는 시리즈로 아이들의 마음밭에 내일의 역사를 이끌어 갈 소중한 꿈을 심어 줍니다.

역사를 바꾼 인물들 9

장영실, 신분을 뛰어넘은 천재 과학자

초판 1쇄 2016년 4월 20일 | **초판 2쇄** 2019년 5월 10일
지은이 이지수
그린이 김미은
펴낸이 신형건
펴낸곳 (주)푸른책들 · **임프린트** 보물창고
등록 제321-2008-00155호
주소 서울특별시 서초구 양재천로7길 16 푸르니빌딩 (우)06754
전화 02-581-0334~5 | **팩스** 02-582-0648
이메일 prooni@prooni.com | **홈페이지** www.prooni.com
카페 cafe.naver.com/prbm | **블로그** blog.naver.com/proonibook

ⓒ (주)푸른책들, 2016

ISBN 978-89-6170-543-1 74990

＊잘못된 책은 구입한 곳에서 바꾸어 드립니다.
＊이 책 내용의 일부 또는 전부를 재사용하려면 반드시 저작권자와 (주)푸른책들 양측의 서면 동의를 얻어야 합니다.

이 도서의 국립중앙도서관 출판시도서목록(CIP)은 서지정보유통지원시스템 홈페이지(http://seoji.nl.go.kr)와 국가자료공동목록시스템(http://www.nl.go.kr/kolisnet)에서 이용하실 수 있습니다. (CIP제어번호 : CIP2016006277)

보물창고는 (주)푸른책들의 유아, 어린이, 청소년 도서 임프린트입니다.

(주)푸른책들은 도서 판매 수익금의 일부를 초록우산 어린이재단에 기부하여 어린이들을 위한 사랑 나눔에 동참합니다.

장영실,
신분을 뛰어넘은 천재 과학자

이지수 글 | 김미은 그림

보물창고

■ 글쓴이의 말

흔들리지 않는 꿈

　여러분의 꿈은 무엇인가요? 남들에게 인정받는 일이 아니더라도, 내가 좋아하는 일을 어른이 되어서도 할 수 있다면 정말 멋질 거예요. 그와 더불어 나를 믿어 주는 사람들이 있다면 더욱 힘이 날 테고요.
　600년 전 장영실도 그런 인생을 살았어요. 어릴 적부터 물건을 잘 고치고, 별을 관찰하길 좋아했던 그는 마을에서 이름난 기술자가 되었어요. 그러나 장영실은 조선에서 가장 낮은 신분인 노비였어요. 게다가 물건을 발명하고 고치는 재주는 조선 사회에서 천대받는 일이었지요. 하지만 그는 기죽지 않고 자기가 할 수 있는 일이라면 어디든 나섰답니다.
　덕분에 그는 궁궐에 들어가 왕실 기술자로 임명되었어

요. 이후 그는 자신의 재능을 믿어 준 세종대왕을 만나 날개를 펼쳤어요. 백성들에게 정확한 시간을 알려 주는 해시계와 우리나라 최초의 자동 물시계인 자격루 그리고 많은 책을 찍을 수 있는 튼튼한 금속 활자도 만들었지요. 장영실은 당시 세계의 어느 누구와 비견해도 손색없는 최고의 과학자였어요. 이 모두가 꿋꿋하게 좋아하는 일을 계속한 덕분이었어요.

여러분도 남들의 평가나 편견에 흔들리지 말고, 자기가 사랑하는 일을 꾸준히 해 나가세요. 그럼 언젠가 장영실처럼 최고의 자리에 우뚝 서게 될 테니까요.

－2016년 봄 이지수

차례

1. 마당 아이 • 9
2. 재주 많은 어린 노비 • 24
3. 궁궐에 들어가다 • 37
4. 과학의 땅 명나라로 • 47
5. 상의원이 된 노비 • 57
6. 조선의 시간을 찾아서 • 67
7. 세자와 만든 측우기 • 79
8. 부서진 가마 • 87

글쓴이의 말 • 4
역사인물 돋보기 • 103

1. 마당 아이

바닷가의 작은 서당에서 아이들의 목소리가 들려왔습니다. 저마다 목소리를 높여 천자문을 외우고 있었습니다.

"하늘 천, 따 지, 검을 현, 누를 황!"

훈장님의 싸리나무 회초리가 무섭게 방바닥을 때렸습니다. 노래하듯 천자문을 외우던 아이들은 순식간에 벙어리가 됐습니다.

"목소리가 이렇게 작아서 언제 천 글자를 떼겠느냐? 처음부터 다시 외거라."

훈장님의 불호령에 아이들은 더 큰 목소리로 천자문을

외우기 시작했습니다.

 서당 대청마루 아래에서도 낭랑한 목소리 하나가 천자문을 다시 외우기 시작했습니다. 대청마루 위의 양반집 도령들처럼 고운 한지와 먹과 붓은 없었지만, 사내아이는 주눅 들지 않았습니다. 마당의 모래 한 줌을 붓기만 하면 몇 번이고 글자를 썼다 지웠다 할 수 있는 모래판이 있었기 때문입니다. 뒷산에서 주워 모은 나무 조각들로 사내아이가 뚝딱 만든 발명품이었습니다. 재주 좋은 이 사내아이의 이름은 장영실이었습니다.

 "하늘 천, 따 지, 검을 현,
누를 황……."

동백꽃이 다 지지도 않은 삼월이라 땅바닥은 아직 차가웠습니다. 하지만 영실이는 엉덩이가 하나도 시리지 않았습니다. 글자 외우는 재미에 흠뻑 빠져 있었기 때문입니다.

훈장님은 천자문을 외우는 아이들을 찬찬히 살폈습니다. 한 명도 빠짐없이 열심히 천자문 노래를 부르고 있었습니다. 훈장님은 하얗고 긴 수염을 기분 좋게 쓰다듬더니 허리춤에서 약과 주머니를 꺼냈습니다.

"그래, 모두 잘하였다. 한 명도 빠짐없이 천자문을 외웠으니 꿀약과를 주마."

훈장님의 말에 아이들이 와하고 소리를 질렀습니다. 저들끼리 손을 마주치기도 했습니다. 모두에게 약과 반쪽씩 돌아갔습니다. 훈장님은 마지막으로 서당 마당에 앉아 있는 영실이를 불렀습니다. 훈장님은 영리하고 맑은 영실이를 퍽 아꼈습니다.

"허허, 약과를 준대도 무얼 하느냐? 어서 와서 받아 가거라."

천자문 쓰기에 빠진 영실이의 귀에는 '약과'라는 소리도

들리지 않았나 봅니다. 영실이는 화들짝 놀라서 훈장님께 뛰어갔습니다.

"고맙습니다, 훈장님!"

영실이는 모래로 새까매진 손을 저고리에 쓱쓱 문지르고는 약과를 받아 들었습니다. 먹음직스러운 약과를 입에 쏙 넣으려는데, 서당 도령들이 뿔이 나서 소리쳤습니다.

"훈장님, 저 미천한 녀석을 쫓아내시지는 않고 왜 저희와 똑같이 대하십니까?"

서당에서 제일 나이가 많은 박 진사댁 큰 도령이었습니다. 도령의 얼굴이 붉으락푸르락했습니다.

도령의 날카로운 목소리에 영실이는 바닥에 납작 엎드렸습니다. 이럴 때는 한마디도 대꾸하지 않고 고개를 조아려야 했습니다. 잘못했다가는 집으로 돌아가는 길에 양반 댁 도령들에게 호되게 혼이 날 테니 말입니다.

훈장님이 다시 싸리나무 회초리를 들었습니다.

"네 이놈! 천민이든 양반이든 글을 배우고 책을 읽어야 바르게 살 수 있거늘, 네놈은 어리석게 싸우려고만 드는구나!"

회초리가 대청마루를 세게 때리자 박 진사댁 도령은 깨갱 하고 꼬리를 내렸습니다. 하지만 영실이는 집에 돌아갈 시간이 될 때까지 마당에 엎드려 일어나지 못했습니다. 뒷산으로 해가 저물자 서당 도령들은 집으로 돌아가려고 일어섰습니다. 도령들은 영실이 곁을 지나가며 흥흥 콧방귀를 뀌었습니다.

"쳇, 그래 봤자 네놈은 과거 시험도 보지 못하는 천한 기생의 자식이다."

박 진사댁 도령의 말에 다른 도령들도 와르르 영실이를 비죽거렸습니다. 날마다 밥 먹듯 듣는 소리였습니다. 영실이의 마음은 이제 갑옷을 두른 장군처럼 단단해져 있었습니다.

도령들이 모두 서당을 떠나자 영실이는 모래흙을 털고 일어났습니다. 그러고는 훈장님께 큰절을 올리고 집으로 향했습니다. 영실이는 하나도 기죽지 않고 오히려 씩씩하게 걸었습니다.

'과거 시험 못 보는 게 대수인가? 시험에만 매달려 재밌게 공부하지 못하는 도령들이 더 불쌍해.'

영실이는 이렇게 생각하며 서러운 마음을 달랬습니다.

조선 시대에는 양반과 백성들의 신분이 달랐습니다. 오직 양반만이 글공부를 해 과거 시험을 보고 벼슬살이를 할 수 있었습니다. 양반 가문에서 태어나지 못한 백성들은 농사를 짓거나 물건을 사고팔며 살았습니다. 장영실은 그중에서도 가장 신분이 낮은 노비로 태어났습니다. 관아의 기생인 어머니의 신분을 그대로 물려받은 것입니다.

노랗고 붉게 물든 하늘에 갈매기 여럿이 날고 있었습니다. 영실이는 끼룩끼룩 갈매기 소리에 맞춰 주거니 받거니 오늘 배운 천자문을 다시 외웠습니다. 집으로 돌아오는 먼 길도 이렇게 하면 금방이었습니다. 두 칸짜리 작은 초가의 굴뚝에서는 연기가 피어오르고 있었습니다. 어머니가 일찍 돌아오신 모양이었습니다. 영실이는 신이 나서 한달음에 뛰어갔습니다.

"어머니, 저 왔어요."

"우리 영실이 왔구나. 옷 갈아입고 어서 저녁 먹어라."

마침 어머니가 조촐한 저녁상을 들고 부엌간에서 나오

고 있었습니다. 영실이는 작은 덩치였지만 어머니가 힘드실까 봐 얼른 저녁상을 받아 들었습니다.

"어머니, 제가 들게요. 오늘은 『소학』을 한 줄 배웠는데요, 부모님께 효도해야 군자가 된다고 했어요."

어머니는 넉살 좋게 웃는 영실이의 등을 쓸어 주었습니다. 노비인 탓에 사람들에게 천시를 받았지만 기죽지 않고 의젓하게 크는 영실이가 대견했습니다. 어머니는 뚝딱 밥그릇을 비운 영실이에게 관아에서 얻어 온 주먹만 한 나무토막을 건넸습니다.

"이번엔 뭘 만들거니?"

어머니가 영실이에게 물었습니다. 영실이는 길쭉하니 웃었습니다.

"뺑뺑 잘 도는 팽이를 만들 거예요. 내일 친구들이랑 팽이치기하기로 했어요."

요즘 영실이와 친구들은 나무 팽이를 누가 오래 돌리는지 겨루며 놀았습니다. 친구들이 저마다 아버지가 깎아 주신 나무 팽이를 가져와 자랑을 해 대는 통에 영실이도 질 수 없었습니다. 어머니가 안쓰러운 목소리로 말했습니다.

"네 작은 손으로 팽이를 깎게 해 미안하구나."

영실이에게는 팽이를 만들어 줄 아버지가 없었습니다. 아버지는 어머니와 신분이 달랐던 데다가 영실이가 태어난 지 얼마 되지 않아 세상을 떠났습니다. 그래서 영실이는 누구에게도 어리광을 부리고 살갑게 굴 수 없었습니다. 영실이는 아버지가 깎아 준 팽이를 자랑하는 친구들이 내심 부러웠습니다.

"아니에요, 어머니. 제가 깎으면 돼요."

영실이는 의젓하게 웃고는 나무토막을 들고 밖으로 나갔습니다. 부뚜막 곁에 달린 작은 칼을 꺼내 와 찬찬히 나무껍질을 벗겨 냈습니다. 영실이는 야무진 손으로 침착하게 나무를 깎았습니다. 사각사각 소리와 함께 나무토막이 금세 날렵한 팽이로 변신했습니다. 영실이는 팽이를 돌리고 또 돌려 보면서 한참을 더 다듬었습니다.

"다 됐다! 멋진걸."

영실이는 완성된 팽이를 살펴보았습니다. 절로 흐뭇한 미소가 지어졌습니다. 이만하면 내일 친구들과 팽이치기 겨루기에서 지지 않을 것 같았습니다. 영실이는 직접 깎은 나무 팽이를 안고 설레는 마음으로 잠에 들었습니다.

"영실아, 나와라!"
친구들이 이른 아침부터 모여 와 영실이를 불렀습니다. 영실이는 친구들의 목소리를 듣고 벌떡 일어나 뛰어나갔습니다. 영실이의 손에는 비장의 무기인 장영실표 팽이가 들려 있었습니다.
"어머니, 놀다 올게요."
영실이와 친구들은 비밀 놀이터인 갯가재 언덕에 올랐습니다. 갯가재 언덕 중턱에는 대장간 김 영감님의 반짝이는 대머리처럼 너른 벌판이 펼쳐져 있었습니다. 팽이치기를 하기에는 마을에서 이보다 좋은 곳이 없었습니다. 우물골에 사는 진성이가 영실이에게 말했습니다.
"오늘은 영실이 너도 팽이치기 한다고 했지? 어디, 덤벼 봐."
잠시 후 진성이가 "하나, 둘, 셋!" 하고 외치자 친구들이 저마다 쥐고 있던 팽이를 굴려 노끈으로 힘껏 때렸습니다. 영실이도 자신 있게 자기 팽이를 던져 힘껏 채찍질 했습니다. 노끈에 맞을수록 영실이의 팽이가 힘차게 돌아갔습니다. 어느새 갯가재 언덕은 온 동네 아이들과 팽팽 도는 팽이들로 가득 찼습니다. 그때 갑자기 양반 댁 도령들이 언덕에 나타났습니다.

"장영실, 너 여기 있었구나. 건방진 네놈을 혼내 주러 왔다."

박 도령이 앞으로 나서더니 아이들의 팽이를 발로 찼습니다. 아이들이 여기저기 흩어진 팽이를 찾느라 정신이 없었습니다. 그러나 감히 양반 댁 도령들을 말리거나 화를 내지 못했습니다. 영실이는 화가 나서 얼굴이 붉어졌지만 간신히 입을 꼭 다물고 있었습니다. 박 도령이 영실이를 불러냈습니다.

"글재주로는 감히 덤빌 수 없을 테니, 어디 팽이로 겨뤄 보자."

박도령과 도령의 친구들은 품에서 저마다 크고 단단한 나무 팽이를 꺼냈습니다. 영실이와 친구들의 조그만 팽이는 댈 바가 아니었습니다. 하지만 영실이는 팽이를 불끈 쥐었습니다. 몇 번이고 돌려 보고 완성한 팽이에 자신 있었습니다.

"그렇게 하시지요. 지고서 다른 말 하시면 안 됩니다!"

영실이가 흔쾌히 대결에 응하자 박 도령은 흠칫 놀랐습니다.

"오, 오냐! 너야말로 다시 하자고 매달리지 말거라!"

그리하여 양반 댁 도령들과 영실이의 팽이치기가 시작되었습니다. 무시무시하게 큰 팽이들 사이에서도 영실이의 팽이는 넘어지지 않고 돌았습니다.

"오호, 제법 잘 도는구나. 하지만 이제 끝났어!"

박 도령과 그 친구들이 일제히 노끈을 휘둘러 영실이의 작은 팽이를 공격해 왔습니다. 그러나 영실이의 팽이는 영실이의 노련한 채찍질로 큰 팽이들을 요리조리 피했습니다. 오히려 커다란 도령들의 팽이가 스스로 먼저 나가떨어졌습니다. 영실이가 노끈을 크게 휘두르자 마지막으로 남아 있던 박 도령의 팽이마저 데구르르 중심을 잃고 넘어져 버렸습니다. 박 도령은 부끄러움에 얼굴이 붉으락

푸르락 달아올랐습니다.

"이, 이 녀석! 다음번에는 꼭 천한 네놈 코를 납작하게 해 줄 테다!"

박 도령은 말까지 더듬으며 친구들과 갯가재 언덕을 뛰어 내려갔습니다.

숨죽이며 영실이를 지켜보던 친구들이 "우아!" 환호하며 영실이를 둘러쌌습니다.

"영실아, 그 작은 팽이로 어떻게 이긴 거야? 팽이 속에 돌을 넣은 거야?"

"박 도령을 이기다니, 정말 대단해!"

친구들은 영실이의 팽이를 주고받으며 이리저리 살펴보았습니다. 그러나 특별한 구석은 보이지 않았습니다. 영실이가 어깨를 으쓱하며 말했습니다.

"오래 돌아도 균형을 잃지 않게 깎아서 그래. 하루 종일 고민하며 만들었거든."

그러자 아이들의 입이 떡 벌어졌습니다.

"이걸 너 혼자 만들었다고?"

영실이는 뿌듯한 마음에 날아갈 듯 기분이 좋았습니다.

그날 이후로 영실이는 동래의 제일가는 팽이 대장으로 이름이 났습니다. 그러나 팽이는 영실이의 작품 1호일뿐이었습니다.

2. 재주 많은 어린 노비

열 살을 맞게 된 해의 어느 날, 영실이는 서당에서 돌아와 어머니가 부탁한 맷돌을 고치고 있었습니다. 맷돌 손잡이가 부러져서 무거운 맷돌을 돌릴 수 없었기 때문입니다. 영실이는 단단한 나뭇가지를 얻어 와 손잡이에 꼭 맞는 크기로 깎기 시작했습니다.

'낫 모양으로 곧게 다듬어야 해.'

어느새 영실이의 팔뚝만 했던 나무토막이 매끈한 손잡이가 되어 갔습니다. 영실이 얼굴에는 저도 모르게 미소가 걸렸습니다. 또래의 다른 아이들 같으면 손도 못 댈 일을 영실이는 즐겁게 해냈습니다.

"영실아, 그만하고 들어가자."

그때 어머니가 돌아오셨습니다. 영실이는 마당에 조그만 모래 무덤을 만들고, 한가운데 나뭇가지를 꽂아 그 그림자가 가리키는 방향과 길이에 따라 시간을 재곤 했습니다. 그런데 오늘 어머니는 평소보다 무척 일찍 집에 오셨습니다.

'아직 그림자가 한 뼘을 넘지 않았는데…….'

어머니의 얼굴색이 유난히 창백했습니다. 영실이는 덜컥 걱정이 되었습니다.

"어머니, 얼굴이 하얘요."

어머니는 애써 웃으며 영실이의 머리를 쓰다듬었습니다.

"날이 너무 추워서 그래. 고뿔이 오려나 보다."

어머니의 목소리도 평소와 달리 파리하게 떨렸습니다. 영실이는 어머니의 말을 따라 깎다 만 맷돌 손잡이를 놔두고 방으로 들어갔습니다. 어머니가 곧 저녁상을 내 오셨습니다. 그런데 그날따라 저녁상이 휘어질 듯 음식으로 가득했습니다. 영실이는 고개를 갸우뚱했습니다.

"어머니, 명절도 아닌데 어찌 진수성찬인가요?"

아무리 생각해도 이상했습니다. 명절도 아니고 영실이의 생일도 아닌데 말입니다. 어머니는 머뭇거리더니 울먹이며 말했습니다.

"영실아, 이틀 뒤면 너도 동래 관아로 가서 노비로 일해야 한단다. 이곳을 떠나야 해."

영실이는 머릿속이 새하얘졌습니다. 어머니를 떠나 산다는 것은 상상도 할 수 없었습니다. 그러나 노비 신분으로 태어난 영실이는 열 살이 되면 관아에서 일하며 홀로 살아가야 했습니다. 날 때부터 정해진 일이었지만, 어머니는 언젠가는 아들과 이별해야 한다는 생각에 늘 조마조마했습니다. 그런데 그 소식을 오늘 전해 들은 것이었습니다. 어머니와 영실이는 저녁상을 사이에 두고 말없이 눈물을 떨구었습니다. 영실이는 꾸역꾸역 쌀밥과 굴비를 삼키다가 수저를 내려놓고 방을 나왔습니다.

'여태껏 내 신분이 원망스럽지 않았는데……'

매서운 겨울 공기가 영실이의 볼을 쓸고 갔습니다. 두

볼에는 하염없이 눈물이 흘러내리고 있었습니다. 사랑하는 어머니를 곁에서 떼어 놓는 미천한 신분이 밉기만 했습니다.

그날 밤, 영실이와 어머니는 눈물로 밤을 지새웠습니다.

"어머니, 건강하셔야 해요."

이틀 뒤 영실이는 어머니께 큰절을 올렸습니다. 그러고는 관아에서 온 포졸을 따라 길을 나섰습니다. 어머니는 영실이의 모습이 언덕배기로 사라질 때까지 손을 흔들었습니다. 영실이는 눈물을 참으려 무진 애를 썼습니다. 그러나 뒤를 돌아볼 때마다 보이는 어머니의 모습에 결국 눈물이 쏟아졌습니다.

"꼬마야, 이제 넌 어른이나 마찬가지다. 노비로 태어난 이상 자유롭게 살 수 없는 법이야."

포졸의 차가운 말에 영실이는 자꾸만 들썩이는 몸을 진정시켰습니다.

'꼭 어머니 곁으로 돌아올 거야.'

영실이는 집으로 돌아오는 길을 잊지 않으려는 듯이 걸음마다 힘을 주었습니다. 그렇게 한나절을 꼬박 걸어서야 동래현의 한 관아에 도착했습니다. 관아는 세금을 걷고, 재판을 하고, 군사 훈련을 하는 등 한 지역에서 일어나는 일들을 처리하는 곳이었습니다.

영실이는 관아에서 지내며 관아의 허드렛일을 맡아 했습니다. 포졸들이 시답지 않은 일을 시켜도 영실이는 가리지 않고 열심히 일했습니다. 관아 이곳저곳을 쓸고 닦는 것부터 포졸과 나이 많은 노비들의 옷 빨래까지 영실이의 몫이었습니다.

하루는 덩치 큰 포졸 하나가 와서 영실이를 불렀습니다.

"장영실, 내일까지 이 항아리 좀 고쳐 놔라."

포졸이 가져온 청동 항아리는 관아 건물 곁에 있던 것이었습니다. 물을 가득 부어 놨다가 불이 났을 때 사용하는 항아리였습니다. 그런데 웬일인지 청동 항아리에 송아지 눈깔만 한 구멍이 나 있었습니다.

"어젯밤에 순찰을 돌다가 잘못해서 항아리를 건드렸지

뭐야. 돌계단 아래로 굴러 떨어지더니 이렇게 구멍이 나 버렸어. 아, 아무튼 내일까지 구멍을 막지 못하면 너도 나도 사또께 혼쭐이 날 거다!"

"하, 하지만……."

포졸은 어린 영실이에게 청동 항아리를 불쑥 안기고는 부리나케 사라졌습니다. 영실이는 한숨을 푹 쉬고는 청동 항아리를 살폈습니다. 한지나 나뭇조각으로 구멍을 틀어막은들 얼마 안 있어 다시 물이 샐 게 뻔했습니다. 점토도 마찬가지였습니다.

영실이는 곰곰이 생각에 잠겼습니다. 그러다 고향 마을 대장간에서 뜨거운 불에 쇠를 달궈 망치로 내리치던 모습이 떠올랐습니다. 영실이는 그 길로 아궁이를 찾았습니다. 운 좋게도 아궁이가 있는 부엌에 아무도 없었습니다.

'불씨를 가져가 큰 불을 만들자. 거기에 항아리를 달구면 쉽게 구멍을 메울 수 있을 거야!'

영실이는 아궁이에 남아 있던 불씨를 청동 항아리에 담았습니다. 뒤뜰로 가서 마른 낙엽과 땔감을 넣으니 청동 항아리에서는 어느새 뜨거운 불길이 일었습니다.

"영감님, 망치를 좀 빌려주십시오."

"망치라니, 어디에 쓰려고 하느냐?"

영실이는 나이 많은 노비 할아버지에게 망치를 빌리기로 했습니다. 자초지종을 털어놓자, 할아버지는 자질구레한 공구가 가득 든 망태기에서 망치를 하나 꺼냈습니다.

"쯧쯧. 포졸이 너를 부려 먹기로 작정했구나. 네 작은 손으로는 망치질이 어려울 게다. 내가 도와주마."

할아버지 덕에 영실이는 그날 저녁 청동 항아리를 말끔히 고쳤습니다. 구멍도 사라진 데다, 오히려 더 단단해졌습니다. 영실이가 청동 항아리를 가져가 포졸에게 건네자 포졸은 깜짝 놀랐습니다.

"어떻게 이걸 고쳤냐? 너, 재주가 아주 좋구나!"

그날 이후 영실이는 관아의 고장 난 물건들을 고치는 일을 하게 되었습니다. 영실이는 작고 야무진 손으로 포졸들의 무기부터 노비들의 잡다한 세간까지 고쳤습니다. 관아에서 함께 일하는 노비와 포졸들은 너나할 것 없이 영실이의 재주를 칭찬했습니다.

　영실이가 관아에서 일한 지 몇 년이 흘렀습니다. 영실이가 동래현에 있는 무기고를 청소할 때였습니다. 무기고는 군관들이 마을을 지킬 때 쓸 갖가지 무기를 쌓아 두는 창고였습니다. 무기고를 쓸고 닦으면서 화포와 창 등을 유심히 살핀 영실이는 당장 적이 쳐들어왔을 때 쓸 수 있는 무기가 얼마 없음을 깨달았습니다. 영실이는 사또에게 가서 이 사실을 전했습니다.
　"사또 나리, 무기고에 있는 무기들이 하나같이 녹슬고 고장 나 있습니다. 미리 고쳐 두지 않으면 적이 침입할 때 쓰지 못할 것입니다."
　그러나 사또는 영실이를 가소롭게 보고 그 말을 귓전으로 흘려버렸습니다.
　"어린 노비 녀석이 무기에 대해 무얼 안다고 그러느냐? 노비 따위가 사또인 나를 가르치려는 게냐! 태평한 때에 괜히 일을 크게 만들지 말고 가만히 있어라."
　영실이는 낡은 무기를 그냥 두라는 사또의 명을 받고

도 자꾸만 가슴이 벌렁거렸습니다. 요 근래 남해안 바다 마을로 왜구*들이 자주 쳐들어온다는 이야기가 들려왔기 때문입니다. 동해와 남해가 맞물리는 동래에도 왜구가 침략하지 않으리라는 법이 없었습니다.

"왜 밥을 못 먹느냐? 정신이 팔려서는……."

노비들을 살피러 온 하급 관리가 밥그릇을 깨작거리는 영실이에게 물었습니다.

"동래의 무기고에 있는 무기는 큰일이 닥치면 다 못쓰게 생겼습니다. 그런데도 사또께서는 그저 내버려 두고만 있습니다."

영실이가 기죽은 목소리로 실토했습니다. 하급 관리는 생각에 잠긴 듯 수염을 쓸었습니다. 그러더니 수심 묻은 목소리로 말했습니다.

"네 말이 맞다. 너도 무기고를 살펴본 모양이구나. 그렇게나 걱정이 된다면 네가 고칠 수 있겠느냐?"

하급 관리의 말에 영실이의 눈이 반짝였습니다. 그 모습에 하급 관리는 한마디 덧붙였습니다.

---

*왜구 : 조선 시대에 우리나라를 약탈한 일본 해적.

"대신, 사또의 명령이 없었으니 이 일은 사또에게 들키지 않도록 해야 한다!"

"예, 나리!"

영실이는 그날로 동래현의 무기고를 조심스럽게 드나들었습니다. 영실이의 손재주 덕에 대포와 창검들은 새것같이 되었습니다. 언제고 갑자기 전쟁이 일어나도 쓸 수 있을 만큼 말끔해지고 날카로워졌습니다. 그러나 영실이는 마음을 놓지 않고 시간이 날 때마다 무기고를 찾아 몇 번이고 무기들을 다시 살폈습니다.

그러던 어느 날이었습니다. 온 마을이 다급한 소리로 가득했습니다. 봉수에서는 연기도 피어오르고 있었습니다.

"왜구다! 왜구가 쳐들어왔다!"

포졸과 군관들이 이리저리 뛰어다니며 소리쳤습니다. 사람들은 혼비백산하여 비명을 질렀고, 사또로부터 어떤 명령도 받지 못한 군관들은 어쩔 줄을 몰랐습니다. 누구도 왜구가 침입할 거라고는 생각지 못한 것이었습니다.

영실이는 사또에게 가서 고했습니다.

"사또 나리, 군사들을 무기고로 보내십시오. 제가 무기를 모두 고쳐 두었습니다."

얼굴이 하얗게 질린 사또는 영실이의 말에 정신이 드는 모양이었습니다.

"구, 군사들을 무기고로 보내라! 각자 무기를 들고 전열을 갖추어라!"

사또의 명에 따라 모든 군사들이 전열을 갖춰 무기고로 향했습니다. 창과 검은 날카롭게 날이 서 있었고, 화포도 시원하게 발포되었습니다. 영실이가 준비해 둔 무기 덕분에 군사들은 갑자기 쳐들어온 왜구를 쉽게 물리칠 수 있었습니다. 왜구와의 싸움이 끝나자 사또는 영실이를 불러 크게 칭찬했습니다.

'내 재주가 사람들을 살리다니 꿈만 같아!'

영실이는 한없이 뿌듯했습니다. 잠깐이나마 신분의 그림자가 마음속에서 사라지는 듯했습니다.

영실이의 재주는 입소문을 타고 동래 전체로 퍼져 나갔습니다. 마을 사람들은 농기구가 부러지거나 고장 나면 영실이에게 가져왔습니다. 영실이는 사람들을 도울 수 있다는 기쁨에 불평 없이 재주를 발휘했습니다. 그리하여 영실이는 재주 많은 어린 노비로 이름을 날렸습니다.

3. 궁궐에 들어가다

어느 해에는 조선 팔도에 가뭄이 들었습니다. 비가 오지 않아 농사를 짓는 백성들은 발을 동동 굴렀습니다. 사또가 영실이를 불러서 물었습니다.

"온 나라가 가뭄에 시달리고 있네. 전하께서도 걱정이 이만저만이 아니야. 무슨 뾰족한 수가 없겠나?"

영실이는 몇 날 며칠을 고민하다가 무릎을 탁 쳤습니다. 영실이는 지난 겨울 낙동강이 돌아 나가는 높은 언덕에 자주 올랐습니다. 해가 일찍 지면 그만큼 오랫동안 밤하늘의 별을 관찰할 수 있었기 때문입니다. 언덕에 오를 때마다 영실이는 동래의 지리를 누구보다 잘 알게 되었습니다. 발아래 펼쳐진 강과 논밭의 위치를 수없이 보아 왔기 때문입니다.

"강물을 끌어다 논밭에 대면 어떻겠습니까?"

사또는 눈이 동그래졌습니다. 논밭에서 멀리 떨어져 흐르는 강물을 어떻게 끌어오겠다는 말인지 알 수 없었습니다. 영실이가 계속 말했습니다.

"강에서 논밭 근처까지 물길을 내고, 물레방아를 지어 물을 퍼 올리면 그만입니다."

사또는 영실이의 기막힌 생각에 크게 감탄했습니다. 사또는 그날로 마을 사람들에게 수로를 파게 했습니다.

"물이 마른 땅에 스며들어 없어지지 않도록 수로에는 나무로 홈통을 대 주세요."

영실이는 군관들과 둥근 나무 홈통을 깎아 마을 사람들에게 전했습니다. 그러자 영실이의 말대로 강물을 쉽게 논밭 가까이 끌어올 수 있었습니다. 높은 논밭으로 물을 길어 올릴 물레방아도 완성이 되었습니다. 영실이의 지휘 아래 사람들은 영차 영차 방아를 돌렸습니다.

"물이다! 이제 농사는 걱정 없다!"

"와아, 장영실 만세!"

마침내 가뭄으로 갈라진 논밭에 시원한 강물이 흘러들었습니다. 모두가 영실이의 이름을 외치며 고마워했습니다. 사또 역시 동래의 가뭄을 해결한 영실이에게 큰 상을 내렸습니다.

얼마 안 있어 영실이의 이야기는 먼 한양 땅에도 전해졌습니다. 당시 조선의 세 번째 임금이었던 태종은 오직 동래현만이 매서운 가뭄을 이겨 냈다는 보고를 들었습니다.

"아니, 그 비결이 무엇이더냐? 동래 땅에만 비가 내린 것도 아닐 테고."

그러자 나라의 숲과 하천의 시설을 관리하는 공조 판서가 말했습니다.

"동래 관아에 장영실이라는 노비가 있사온데, 타고난 재주가 뛰어나 강물을 끌어다 논에 대는 시설을 만들었다고 합니다."

공조 판서는 장영실이 만든 물길과 물레방아에 대해 자

세히 이야기했습니다. 태종과 조정 대신들은 영실이의 지혜에 무릎을 쳤습니다.

"그 재주가 귀하구나. 어서 노비 장영실을 한양으로 불러들여라."

어엿한 청년으로 자란 장영실은 태종의 명에 따라 한양으로 올라왔습니다. 당시 조선에는 도천법이라는 제도가 있었습니다. 신분에 상관없이 재주와 지혜가 훌륭한 사람에게 나랏일을 시키는 제도였습니다. 노비 신분이었던 장영실도 도천법 덕분에 궁궐에서 일할 수 있게 된 것입니다.

"어머니, 절 받으세요."

장영실은 한양으로 떠나는 길에 어머니를 만났습니다. 그사이 나이가 많이 드신 어머니의 모습에 장영실은 가슴이 메었습니다. 그러나 어머니는 활짝 웃으며 장영실을 배웅했습니다.

"너와 더 멀리 떨어지게 되었지만, 어미는 기쁘구나. 네가 임금님의 명으로 한양에 가다니, 너무도 자랑스러워."

장영실과 어머니는 수년 전 그날처럼 눈물로 작별 인사

를 했습니다. 그러나 이번에는 비참한 작별이 아니었습니다. 오히려 한양에서 펼쳐질 미래에 대한 기대감이 솟았습니다.

상의원은 왕실에서 고용한 기술자들이 일하는 곳이었습니다. 장영실은 그중에서도 책을 찍는 활자를 만드는 주자소에서 일하게 되었습니다. 그의 재주를 높이 산 태종이 친히 임명한 자리였습니다. 주자소에는 조선에서 제일가는 기술자들이 모여 있었습니다. 작지만 정교한 활자를 만드는 데는 공이 많이 들기 때문이었습니다.

"동래현에서 온 장영실이라 하옵니다."

장영실은 선배 기술자들에게 고개를 숙여 인사했습니다. 그러나 주자소의 기술자들은 콧방귀만 뀌었습니다.

"흥, 임금님께서 무슨 생각으로 주자소에 노비를 부르셨담? 우리처럼 솜씨 좋은 기술자가 넘쳐 나는데 말이야."

"그러게 말일세. 하하!"

장영실은 선배들의 따돌림에도 흔들리지 않았습니다. 오히려 겸손하게 주어진 일에 최선을 다했습니다.

'임금님께서 나를 부르셨다고 자만해서는 안 돼. 선배님들의 훌륭한 기술을 겸손하게 배우자.'

장영실은 주자소의 잡다한 일을 도맡아 하면서도 불평 없이 열심히 일했습니다. 정작 활자를 만지는 일은 거의 없었지만 어깨너머로 활자 만드는 기술을 눈에 익혔습니다. 그리고 선배들이 하는 일을 보고 실제로 연습하는 것도 미루지 않았습니다.

"어이, 정삼이. 심심한데 저 노비 녀석 좀 골려 볼까?"

"골리다니, 어떻게?"

어느 날, 주자소의 기술자들은 장영실을 괴롭힐 궁리로 머리를 모았습니다. 그러고는 왕실에서 주문한 활자 제조를 장영실에게 맡기기로 했습니다. 어려운 한자들을 금속 활자로 만드는 일이라 누구도 감히 손을 대지 못하고 있었습니다.

"장영실 같은 초짜는 당연히 못 해낼 거야. 임금님은 그 녀석에게 화가 나실 거고 말이야."

기술자들은 주자소 빗자루로 주자소 앞마당을 쓸고 있던 장영실에게 다가갔습니다. 그리고 임금님이 친히 주문

하신 활자를 만들어 보라고 전했습니다. 장영실은 들뜬 기색을 감추지 못했습니다.

"드디어 저도 활자를 만들 수 있는 건가요? 선배님들께서 도와주시면 성심을 다해 활자를 완성하겠습니다."

그러나 선배들의 반응은 싸늘했습니다. 멀찍이 서서 쿡쿡 소리 죽여 비웃는 기술자들도 있었습니다.

"무슨 소리인가? 우리는 관여하지 않을 걸세. 재주 좋은 자네가 혼자 만들게나."

장영실은 당황했습니다. 아직 활자를 만져 본 적도 없었기 때문입니다. 그러나 주자소에 들어온 이상 활자를 만들 기회를 놓쳐서는 안 될 것 같았습니다. 장영실은 꾸벅 고개를 숙이고, 그러마고 대답했습니다.

"알겠습니다. 그럼 저 혼자서라도 활자를 만들어 보겠습니다."

선배 기술자들은 의연한 장영실의 모습에 적잖이 놀랐습니다. 순진한 것인지 자신감이 넘치는 것인지 알 수가 없었습니다. 장영실은 곧장 활자 만들기를 시작했습니다. 선배 기술자들은 장영실을 피하기 일쑤였기 때문에 활자를 만들려면 책을 뒤지는 수밖에 없었습니다. 활자 주조법을 찾아 며칠 동안 책만 찾고 있을 때, 이천 대감이 다가와 물었습니다.

"장영실 자네, 어찌 주자소에 있지 않고 서고에만 있는 겐가?"

이천은 원래 전쟁터에서 싸우는 무관이었지만, 무기를 잘 만들고 금속을 잘 다뤄서 상의원에서 기술자들을 관리하는 일을 하고 있었습니다. 장영실이 자초지종을 털어놓자 이천은 고개를 가로저었습니다.

"기술자들이 자네를 놀리려고 작당했나 보군. 활자 주조법은 내가 알려 주겠네. 어디 자네의 재주를 마음껏 발휘해 보게."

이천은 장영실에게 활자 거푸집을 만드는 법, 녹인 구리를 붓는 법 등을 알려 주었습니다. 장영실은 어깨 너머로 보았던 기술들을 떠올리며 차근차근 활자를 만들어 갔습니다.

몇 주 뒤, 마침내 금속 활자가 완성되었습니다. 기술자들은 장영실이 만든 활자를 들여다보며 탄성을 질렀습니다.

"획수가 많아 복잡한 한자도 어찌 이리 정교하게 다듬었을까?"

"임금님께서 괜히 부르신 게 아니었구먼."

활자를 완성한 장영실은 어엿한 주자소 일꾼으로 인정받았습니다. 이전에 쓰던 활자보다 단단하고 흔들리지 않은 덕분에 더 빠르게 많은 책을 찍을 수 있었습니다. 장영실의 금속 활자는 1420년 경자년에 만들어져 '경자자'라는 이름이 붙었습니다.

"이천 대감, 고맙습니다. 대감께서 도와주신 덕분에 활자를 만들 수 있었습니다."

장영실은 이천을 찾아가 감사 인사를 올렸습니다. 이천은 장영실의 겸손함과 재주를 눈여겨 두었습니다.

4. 과학의 땅 명나라로

　장영실은 주자소에서 활약하며 수년을 보냈습니다. 세월이 흐르면서 조선 안팎에 큰 변화가 일어났습니다. 조선에서는 태종의 뒤를 이어 세종이 네 번째 임금이 되었고, 중국 땅에서는 명나라가 원나라를 제압하고 새로운 왕조를 열어 전성기를 맞았습니다.

　장영실은 그동안 주자소, 아니 상의원 전체에서 최고의 기술자가 되었습니다. 아직 젊은 나이였지만 모두가 장영실의 실력을 인정했습니다.

　"자네의 재주가 날로 늘어 가는데, 작은 조선에만 묶여 있기는 아깝군 그래."

이천은 장영실의 재주에 칭찬을 아끼지 않았습니다. 하지만 장영실은 그때마다 화들짝 놀라며 말했습니다.

"아닙니다, 대감. 어머니도 곁에서 모시지 못하는 제가 재주로 조선을 호령한들 어찌 자랑하겠습니까."

고향 마을을 떠나온 지 이십여 년이 지났습니다. 장영실은 기술과 과학을 배우면 배울수록 더 목이 말랐지만, 고향에 홀로 계신 어머니를 모시지 못하는 현실을 생각할 때면 가슴이 아파 왔습니다. 그럴 때면 공부도 제쳐 두고 상의원 뒤뜰에서 밤하늘을 올려다보며 슬픔을 달랠 뿐이었습니다. 풀벌레들이 잔잔히 울던 어느 날 밤, 그날도 별들의 흐름을 지켜보던 장영실은 화성과 금성이 닿을 듯 가까워진 것을 발견했습니다.

'별들은 멀리 있다가도 가까워지는구나. 별들도 그러한데 어머니와 나도 곧 만날 날이 오겠지.'

장영실은 그리운 마음을 애써 누르고 부지런히 주자소 일에 몰두했습니다. 그러던 어느 날 세종이 이천을 불렀습니다. 명나라에 보낼 기술자들을 모으기 위해서였습니다. 이천은 장영실을 추천했습니다. 장영실은 처음으로 임금님을 만나게 되었습니다. 젊은 임금 세종은 첫눈에 봐도 총기와 열정이 넘쳤습니다.

"그대가 장영실인가? 중추부사 이천에게 자네 기술이 뛰어나다는 이야기를 들었네."

"성은이 망극하옵니다."

장영실은 머리를 깊게 숙여 예를 갖추었습니다. 세종은 장영실에게 명나라의 뛰어난 과학 기술을 배워 오라는 명령을 내렸습니다.

"자네도 알다시피, 명나라의 과학과 기술은 최고 수준이네. 짐은 무엇보다 백성들에게 시간을 알려 주는 자동 물시계에 관심이 있네. 자네가 물시계를 자세히 공부하고 와 주었으면 한다. 또한 명나라의 천문학 기술도 꼭 연구하고 오라."

세종은 조선 백성들에게도 정확한 시간을 알려 줄 시계가 있었으면 했습니다. 그래서 재주 좋은 장영실을 명나라에 보내 자동 물시계의 원리를 찾아오라 명한 것입니다. 1421년의 일이었습니다. 세종은 장영실과 함께 떠날 좋은 벗들을 붙여 주었습니다. 바로 윤사웅과 최천구였습니다. 그들은 세종이 지은 첨성대에서 천문 관측을 하는 학자였습니다. 둘은 장영실보다 나이가 많았지만 금방 마음을 열었습니다. 세 과학자는 어딜 가나 이야기꽃을 피웠습니다.

"명나라에 가면 곽수경이 만든 간의를 꼭 보고 싶네."

"저는 관성대에 가 보고 싶습니다. 우주를 알려면 북경 관성대에 가라는 이야기도 있지 않습니까?"

과학을 향한 호기심과 열정으로 부푼 세 사람은 북경으로 가는 먼 길도 즐겁기만 했습니다. 몇 달 뒤 장영실과 윤사웅, 최천구는 북경에 닿았습니다. 세 과학자는 세계의 모든 책과 지식이 모이는 거리인 유리창으로 갔습니다. 유리창에는 오래된 서점과 여러 나라에서 들어온 신기한 물건들로 가득했습니다. 화려한 비단 옷을 입은 명나라 선비들부터 얼굴이 검은 사람들까지, 세상을 축소시켜 놓은 듯했습니다. 그야말로 별세계였습니다. 수많은 볼거리에 정신이 팔려 있던 장영실은 세종의 당부를 떠올렸습니다.

'이럴 때가 아니야. 임금님께서 명하신 자동 물시계를

찾아야 해.'

동래현의 노비가 먼 명나라까지 공부하러 올 수 있었던 것은 모두 임금님의 은혜 덕분이었습니다. 장영실은 유리창을 거니는 명나라 사람들에게 물어물어 물시계와 천문학 기구를 볼 수 있는 곳을 찾았습니다. 운이 좋게도 과학 서적을 파는 서점에서 명나라 관성대에서 일하는 관리를 만났습니다.

"마침 왕자님의 생일을 맞아 관성대를 모든 사람들에게 개방하고 있네. 다음 주까지이니 꼭 가 보게."

장영실과 윤사웅, 최천구는 기쁜 마음으로 다음 날 일찍 관성대를 찾았습니다. 관성대는 높은 첨탑처럼 생겼는데 그 높이가 사람 키의 여섯 배 정도 되었습니다. 관성대 꼭대기에는 누각*을 얹어 별의 움직임과 위치를 측정할 수 있는 간의와 혼천의를 두었습니다. 세종과 세 과학자를 사로잡은 바로 그 기계들이었습니다.

모두가 들뜬 마음으로 관성대에 오르려는데, 지켜보고 있던 군관이 대뜸 길을 막았습니다. 군관이 엄한 목소리

---

*누각 : 문과 벽이 없어 사방을 바라볼 수 있는 집.

로 말했습니다.

"관성대 위에는 종이와 목탄을 가져갈 수 없소."

윤사웅이 어처구니없다는 듯 대꾸했습니다.

"관성대를 개방한다더니 왜 말을 달리하는 것이오?"

"관성대 위에 있는 기구들은 우리 명나라의 기술로 만든 것이오. 함부로 기구를 그려 기술을 빼앗는다면 도둑질이 아니겠소?"

이번에는 최천구가 목소리를 높였습니다.

"기술은 모든 이를 이롭게 하는 데 써야 하거늘, 어찌 몰래 숨겨 두려 하시오? 게다가 관성대와 간의, 혼천의를 만든 건 명나라 사람이 아니라 원나라 사람 곽수경이 아니었소?"

군관과 두 사람의 말싸움이 길어지자 장영실이 나섰습니다.

"선배님들, 진정하십시오. 명나라에서는 명나라 법을 따라야 하지 않겠습니까? 제게 다른 방도가 있습니다."

장영실은 군관에게 가지고 있던 종이와 목탄을 순순히 맡겼습니다. 윤사웅와 최천구는 어리둥절했지만 빈손으로 장영실을 따라 계단을 올랐습니다. 관성대 꼭대기에 이르러 세 과학자는 동시에 "와!" 하고 탄성을 질렀습니다. 지금껏 간의와 혼천의에 대한 이야기를 수없이 들어 왔지만, 머릿속에 그렸던 모습보다 훨씬 정교하고 웅장한 모습으로 그들 눈앞에 드러난 것이었습니다. 특히 일 년에 맞추어 365개의 눈금에 따라 천체의 운행을 보여 주는 혼천의는 숨이 멎을 듯 경이로웠습니다. 또 그 곁에는 수운의상대와 같은 물시계도 자리잡고 있었습니다.

'이런 놀라운 기술이 존재하는데도 스스로를 최고의 기술자라고 여겼던 내가 정말 부끄럽구나.'

홀린 듯 두 기구를 관찰하던 장영실에게 윤사웅과 최천구가 물었습니다.

"장영실 자네, 기구를 그려 가지 않겠다면 어떻게 임금님께 낯을 들려고 하는 겐가?"

장영실은 작은 목소리로 간의와 혼천의의 원리를 가져갈 방도를 들려주었습니다.

"다음 주까지 관성대를 개방한다고 하니, 제가 매일 와서 머릿속에 담아 설계도로 옮기겠습니다."

장영실의 이야기를 들은 윤사웅과 최천구는 귀를 의심했습니다.

"눈으로 외워서 설계도를 그릴 수 있다는 건가? 자네 눈썰미가 좋은 건 알았네만 정말 대단하구먼."

두 선배 과학자도 장영실을 돕기로 했습니다. 작은 나라 조선에서 온 세 과학자는 일주일 내내 관성대를 오가며 간의와 혼천의를 관찰하고 또 관찰했습니다. 관성대를 찾은 마지막 날 저녁, 마침내 그들은 명나라 최고의 물시계와 천체 관측기의 원리를 밝혀냈습니다. 세종에게 올릴 상세한 설계도도 완성했습니다.

"자네의 기지 덕분에 명나라까지 헛걸음하지 않게 되었네. 당장 임금님께 우리가 알게 된 것들에 대해 말씀드리고 싶어."

"작은 고추가 맵다고 하더니, 영실이 자네는 그 나이와 신분에 맞지 않는 천재일세. 하늘이 조선에 내린 천재야!"

세 사람은 명나라에서의 마지막 밤을 흥겹게 보냈습니다. 맛 좋은 음식과 선배들의 격려 덕분에 장영실은 커다란 보람을 느꼈습니다. 어서 빨리 한양으로 가서 세종을

알현하고 싶었습니다. 장영실은 이렇게 되뇌며 잠을 청했습니다.

'날개가 돋아서 하루아침에 조선으로 날아가면 좋겠다. 어서 조선의 백성이 시간을 알고, 하늘의 움직임을 읽을 수 있도록 말이야.'

5. 상의원이 된 노비

"전하, 명나라에 갔던 장영실 일행이 돌아왔습니다."

"어서 들라 하라."

세종은 장영실 일행이 왔다는 말에 저도 모르게 자리에서 일어났습니다. 반년이 넘게 명나라의 과학을 배우러 떠났던 장영실이 무사히 돌아와 기뻤습니다. 그가 보고 배워 왔을 새로운 지식 역시 무척 기대됐습니다.

편전에 든 장영실과 윤사웅, 최천구는 세종에게 예를 갖추고, 명나라에서 보고 온 것들에 대해 전했습니다.

"명나라의 물시계는 시간에 따라 일정한 양의 물방울이 떨어지게 하는 원리로 발명되었나이다. 같은 기술을 연구하면 우리 조선 역시 훌륭한 물시계를 만들 수 있을 것이옵니다. 또한 간의와 혼천의는 하늘과 천체의 움직임을 알려 주는 훌륭한 기구였습니다."

세종은 세 과학자의 보고를 들으며 흡족한 미소를 감출 수 없었습니다. 특히 기쁨과 설렘에 차 간의의 원리를 설명하는 장영실이 대견하고 기특했습니다. 세종이 지그시 물었습니다.

"그렇다면 자네가 그 물시계를 만들 수 있겠나?"

장영실은 깜짝 놀랐습니다. 그러나 곧 의미심장하게 대답했습니다.

"예, 전하. 제게 석 달만 주시옵소서."

그의 호언장담에 곁에 있던 윤사웅과 최천구는 아연실색하며 속삭였습니다.

"무슨 수로 자동 물시계를 석 달만에 만들겠다는 겐가? 임금님께 약속을 지키지 못하면 자네 목이 날아갈지도 몰라!"

그러나 장영실은 자신의 말을 물리지 않았습니다. 세종은 자신감 있는 그의 태도에 더욱 믿음이 갔습니다.

"하하, 좋네. 자네에게 석 달을 주도록 하지."

세종은 호탕하게 웃으며 장영실의 뜻을 받아들였습니다. 그리하여 장영실의 자동 물시계 발명이 시작되었습니다.

'이 땅에 없던 것을 만든다는 건 정말 가슴 벅찬 일이야. 그것도 임금님의 신임 속에서 말이야. 분에 넘치는 은총을 입었으니, 꼭 물시계를 만들어 내고 말겠어.'

시간에 맞춰 물방울이 떨어진다는 작은 힌트만으로 출발해야 했지만, 장영실은 하루하루 시간 가는 줄도 모르고 물시계에 매달렸습니다. 상의원에는 장영실이 세종의 명으로 자동 물시계를 만든다는 소식이 퍼졌습니다. 상의원의 기술자들이 너도나도 장영실의 작업장을 구경하러 몰려들었습니다. 장영실의 능력을 인정하고 기대하는 사람들도 있었지만, 더러는 그가 실패할거라 믿었습니다. 장영실을 질투하는 기술자들은 툴툴거리며 이렇게 말했습니다.

"임금의 총애를 등에 업더니 기세가 등등하구먼. 어디 노비 주제에 석 달만에 곽수경을 따라잡아?"

"물시계는커녕 궁궐에서 쫓겨나게 될걸, 흥!"

그러나 장영실은 그들의 비난에 끄떡하지 않았습니다. 그럴수록 오히려 더욱 깊이 발명에 몰두했습니다.

그즈음 세종은 상의원에서 일하는 이천을 불렀습니다. 이천은 장영실이 온갖 질투에도 물시계를 만드느라 여념이 없다고 전했습니다. 세종은 참 과학자다운 장영실의 태도에 깊은 감동을 받았습니다. 그리고 마침내 큰 결단을 내렸습니다.

"짐은 장영실을 상의원 별좌에 임명하려고 하오."

세종은 육조의 판서들과 높은 지위에 있는 대신들을 불러 모은 자리에서 이렇게 말했습니다. 상의원 별좌는 종5품의 벼슬로, 비록 녹봉을 받지는 못하지만 상의원 일을 두루 관리하는 벼슬이었습니다. 그리고 별좌에 오르면 자연스럽게 노비의 신분을 벗을 수 있었습니다. 모두들 놀라서 아무 말도 하지 못했습니다. 그때 이조* 판서 허조가 나섰습니다.

---

*이조 : 조선에는 나라의 일을 여섯 개로 나누어 분담하였는데 이를 육조라고 하였다. 이중 이조는 인재에게 벼슬을 내리고 녹봉을 정하는 일을 맡아 하였다.

"전하, 기생의 자식이 어찌 상의원에서 벼슬을 한단 말씀이십니까? 당치도 않습니다."

그러자 다른 판서들도 나서서 세종을 말렸습니다. 하지만 조말생만은 세종과 뜻을 같이했습니다.

"재주 있는 인재라면 천한 노비의 신분이라도 등용함이 마땅합니다."

세종은 조말생의 말에 고개를 끄덕였습니다.

"그대들의 뜻이 다르니 이렇게 하는 게 어떻겠소. 장영실의 노비 신분을 면하고 상의원 별좌에 임명하되, 그가 물시계를 약속한 기한 안에 만들어 내지 못하면 벼슬을 내려놓게 하겠소."

그러자 대신들은 마지못해 세종의 뜻에 따랐습니다.

"장영실은 어명을 받들라!"

상의원에 어명을 전하는 관리의 목소리가 쩌렁쩌렁 울렸습니다. 장영실은 무릎을 꿇고 세종의 명을 받들었습니다. 상의원 별좌에 임명된 장영실은 눈앞에 지난 인생이 주마등처럼 지나가는 듯했습니다. 소식을 듣고는 다리가 후들거려 제대로 서 있을 수도 없었습니다. 한편으로는

어리둥절하기도 했습니다. 아직 이렇다 할 발명품도 만들지 못하였는데 벼슬을 받았으니 말입니다.

"전하께서 이 서찰도 전하라 하셨네."

이천이 장영실에게 서찰 하나를 건넸습니다. 장영실은 서찰을 펼쳐 내용을 읽어 나갔습니다.

큰 발명은 혼자 이룰 수 없네. 이 벼슬로 상의원 기술자들을 이끌어 도움을 받도록 하게나.
또한 이천에게 자네가 어머니를 모시지 못해 자책하고 있다 들었네. 동래현 노비로 있는 어머니를 면천*시켜 줄 터이니 한양으로 모셔 마음 편히 물시계 발명에 매진하게. 반드시 자동 물시계를 완성하여 백성들이 정확한 시간을 알 수 있게 해 주게나.

장영실은 진정으로 백성을 생각하는 세종의 마음을 느낄 수 있었습니다. 세종이 남달리 장영실을 사랑하고 아껴 준 데에는 이유가 있었습니다. 세종은 백성들에게 시

---

*면천 : 천민의 신분에서 벗어나 평민이 됨.

간을 선물하고자 장영실에게 최고의 환경을 만들어 준 것이었습니다. 장영실은 다시 한 번 최고의 자동 물시계를 만들겠노라 다짐했습니다.

"우리 아들, 영실아! 드디어 널 보게 되었구나."
"어머니, 여태껏 어머니를 모시지 못한 불효자를 용서하세요."

어머니가 한양에 도착한 날, 장영실은 어머니를 껴안고 한참을 울었습니다. 궁궐에서 과학과 기술만 생각하다가도 어머니가 떠오를 때면 눈물이 멈추지 않았더랬습니다. 상의원에서 하고 있는 일이 다 헛일처럼 느껴지기도 했습니다. 그러나 이제 한집에서 어머니를 모시게 된 장영실은 마음 놓고 발명에 매진할 수 있었습니다.

장영실은 상의원 기술자들을 모아 물시계를 만들 계획을 발표했습니다.

"태조 임금 때에 만들어진 물시계 '경루'를 발전시켜 보다 정확한 물시계를 완성할 것입니다. 공들의 도움이 꼭 필요합니다."

끝까지 장영실을 홀대하던 사람들도 그의 계획을 듣더니 큰 지혜에 감탄했습니다. 장영실은 책을 보고 옛 물시계를 복원할 고증부와 직접 금속과 돌을 깎아 부품을 만들 제작부 그리고 일정한 양의 물방울이 정확히 떨어지도록 조절할 측정부를 두어 상의원 기술자 각각에게 알맞은 일을 나누어 주었습니다. 그렇게 자동 물시계 제작은 막힘없이 진행되었습니다.

그리하여 1424년, 물시계 경점지기가 탄생했습니다. 그가 약속한 석 달만에 물시계를 완성한 것이었습니다. 경점지기는 시간에 맞춰 일정하게 떨어지는 물을 모으는 원리로 작동했습니다. 시간을 재는 단위인 '경'과, 경을 다섯 개로 나눈 '점'의 눈금을 두어 정확하게 시간을 읽을 수 있었습니다. 곁에서 지켜보던 사람이 물받이의 눈금까지 물이 차는 것을 확인하고 각 눈금에 적힌 시간을 알렸습니다.

세종은 장영실이 만든 경점지기를 보고 크게 만족했습니다. 간단하고도 정확한 기술을 통해 조선 어디서든 쉽게 시간을 알릴 수 있게 된 것입니다.

"장하도다. 그대의 지혜를 누가 따라가리오?"

"성은이 망극하옵니다, 전하."

장영실은 자신을 믿고 이 모든 것을 맡겨 준 세종에게 몸을 엎드려 절을 올렸습니다. 그 뒤로도 세종은 장영실에게 조선의 과학을 발전시킬 임무를 흔쾌히 맡겼고, 장영실은 겸손한 마음으로 충성했습니다. 장영실과 세종은 커다란 신분 차이에도 같은 꿈을 꾸고 있었던 것입니다.

6. 조선의 시간을 찾아서

젊은 임금 세종도 어느덧 조선을 다스린 지 십여 년이 지났습니다. 세종의 꿈은 조선만의 것을 만드는 것이었습니다. 오랜 옛날부터 조선은 중국을 세상의 중심이라 여겨 오직 중국의 것만 숭상하곤 했습니다. 글자부터 음악, 문학까지 중국을 따라하려 애썼습니다. 그러나 세종은 조선에 살면서도 조선만의 것이 없어 겪게 되는 문제들을 고치고 싶었습니다.

그리하여 세종은 임금의 자리에 오르고서부터 조선만의 글자와 예술, 과학 기술을 찾는 데 힘썼습니다. 그중 가장 시급한 것은 바로 과학 기술이었습니다. 새로운 왕조인 조선의 권위를 백성들에게 내세우고 부강한 나라를 만들기 위해서도 조선만의 시간을 갖지 않으면 안 되었기 때문입니다.

"그대도 알다시피 우리 조선은 명나라의 시간을 빌려 쓰고 있소. 두 나라가 서로 멀리 떨어져 있음에도 불구하고 명나라가 세상의 중심이라 생각하여 연경*의 시간을 그대로 가져다 쓰고 있기 때문이오."

"예, 전하. 때문에 단 한 번도 조선의 위도와 경도에 맞는 시간을 계산하려 한 사람이 없었사옵니다."

장영실은 세종의 말에 덧붙였습니다. 위도란 적도를 기준으로 얼마나 떨어져 있는지를 나타내는 각도이며, 경도란 특정한 위치에서 동서로 얼마나 떨어져 있는지를 나타내는 각도입니다. 위도로는 흔히 춥고 더운 계절의 차이를 비교해 볼 수 있고, 경도로는 시간 차이를 계산할 수 있습니다. 장영실은 세종이 왜 자신을 편전에 불렀는지 그 이유를 알 것 같았습니다. 세종이 지그시 웃더니 말을 이었습니다.

---

*연경 : 지금의 북경.

"맞소. 그대가 다시 시간을 연구해 주어야겠소. 천문학을 연구해 조선의 정확한 위치를 계산하여 조선의 시간을 찾아 주시오. 그래야만 백성들이 우리 절기에 맞게 농사를 짓고 날씨도 예측할 수 있게 될 것이오."

세종이 내린 명은 간단히 시간만 재는 경점지기를 발명할 때와는 차원이 다른 임무였습니다. 경점지기가 단순히 분과 시간의 흐름을 재는 시계였다면, 이번에는 조선만의 기준 시간을 알려 주는 위대한 시계를 만들어야 했습니다.

"그렇다면 조선의 정확한 위치를 계산할 천문학 기구를 먼저 만들어야 하옵니다. 달과 태양의 움직임을 통해 조선 땅의 위치를 알아 낼 간의와 혼천의를 만들겠나이다."

세종과 장영실의 뜻이 하나로 모아졌습니다. 장영실은 명나라의 과학서와 기술을 그대로 따르던 상의원의 업무에 이골이 나던 차에, 세종이 명령한 거대한 임무 앞에 가슴이 벅찼습니다. 왕으로서 누릴 수 있는 부귀와 안락함을 탐하지 않고, 백성들에게 남겨 줄 귀한 유산만 생각하는 임금을 모실 수 있는 것도 감사하기만 했습니다.

'임금님과 같은 시대에 태어난 것은 하늘이 내게 주신 축복이야. 과연 성군이시다.'

장영실은 명나라에 함께 다녀온 윤사웅와 최천구를 불렀습니다. 첨성대에서 일하던 두 사람은 누구보다 천체의 움직임을 잘 알고 있었습니다.

"선배님들, 명나라에서 보았던 간의와 혼천의를 이제 우리가 만들어야 합니다. 두 기구를 통해 조선의 위치를 파악하기만 하면, 표준 시간을 계산하는 건 쉽습니다."

윤사웅과 최천구는 고개를 끄덕였습니다. 세 사람은 십여 년 전 명나라 관성대에서 보았던 간의와 혼천의를 떠올렸습니다. 당시 기록했던 설계도와 원리도 꺼내 와 걸상 위에 펼쳤습니다. 그리하여 조선 최고의 천문학자들이 머리를 맞댔습니다. 조선의 하늘을 가장 잘 알고 있던 이순지도 함께였습니다. 이순지는 장영실과 어깨를 나란히 하는 훌륭한 과학자였습니다. 특히 천문학에 뛰어나 세계의 천문학 지식을 모아 조선에 맞는 천문학 책을 쓰기도 했습니다.

　장영실과 동료 과학자들은 나무 모형으로 실험하기를 수십 번, 마침내 1432년 구리로 된 간의를 완성했습니다. 간의는 혼천의의 원리를 이용해 간략히 만든 천체 관측 기구로, 해와 달, 별들의 움직임을 계산할 수 있었습니다. 간의 발명에 힘입어 이듬해 장영실은 혼천의도 완성했습니다. 혼천의는 여러 개의 둥근 고리를 한데 연결해 천체를 관측하는 정교한 발명품이었습니다. 지평선을 나타내는 고리와 시각의 기준이 되는 자오선을 가리키는 고리 그리고 적도와 위도를 알려 주는 눈금이 달린 고리를 움직여 조선이 지구 어디쯤에 위치해 있는지 정확히 계산할 수 있었습니다.

　"혼천의로 계산한 결과, 한양은 북위 38.25도에 자리 잡고 있나이다. 또한 연경으로부터 동쪽으로 11도나 떨어져 있사옵니다."

　장영실과 이순지가 혼천의로 조선의 위치를 계산해 전했습니다. 세종은 감격하여 말을 잇지 못했습니다. 그저 조용히 한마디 할 뿐이었습니다.

"잘했소. 그렇다면 연경보다 반 시경* 빠른 것이 조선의 시간이겠구려!"

이후 세종은 장영실의 업적을 기려 더욱 높은 벼슬을 내렸습니다. 정4품 호군에 임명된 장영실은 더욱 많은 사람들을 이끌고 조선 과학의 발달에 이바지할 수 있었습니다. 장영실은 이제 조선만의 시간을 찾기 위해 표준 시계를 만들기 시작했습니다. 함께 발명에 나선 후배 기술자들이 물시계의 단점을 집어냈습니다.

"호군 나리, 이전에 만든 경점지기의 약점은 사람이 물받이의 눈금을 읽어 시간을 알려야 한다는 것입니다. 시계를 지키는 관리가 자칫 한눈을 팔기라도 하면 제시간을 놓치고 말지요."

"자네 말이 맞네. 그래서 이번에는 사람 없이 스스로 시간을 알려 주는 완전 자동 물시계를 만들 생각이네."

상의원 기술자들은 깜짝 놀랐습니다. 사람이 없다면 누가 시간을 알려 줄 수 있다는 말인지 도통 이해할 수 없었습니다. 장영실에게도 아직 이렇다 할 방법이 없었습니

---

*반 시경 : 한 시간.

다. 그는 궁궐 안팎에서 시계 스스로 시간을 나타낼 방법이 없을까 관찰했습니다.

"영실아, 요즘 밥도 잘 먹지 못하고 무슨 고민에 그리 빠져 있느냐?"

오늘도 장영실은 저녁밥을 절반이나 남겼습니다. 어머니는 식사도 마다하고 사랑채에서 책만 들여다보는 장영실이 걱정되었습니다. 장영실은 어머니에게 고민을 털어놓았습니다. 어머니는 홍시와 차를 내어 주시며 아들을 토닥였습니다.

"어려운 문제의 답은 그리 멀리 있지 않단다. 초조해하지 말고 찬찬히 찾아보렴."

머리를 싸매던 어느 날, 퇴궐 시간이 되어 궁을 나선 장영실은 고민에 잠겨 도성 밖까지 산보를 갔습니다. 마침 궁궐 곁 성루에서 술시*를 알리는 종이 울렸습니다. 관리가 시간에 맞춰 종을 치는 것이었습니다.

"댕, 댕, 댕, 댕……."

장영실은 성루를 올려다보았습니다. 관리는 술시에 맞

---

*술시 : 저녁 7시부터 9시까지.

춰 종을 열한 번 치고 돌아갔습니다. 장영실은 무심코 시간을 열두 부분으로 나누는 십이간지를 떠올렸습니다.
 '십이간지를 상징하는 동물들과 종 치는 관원을 물시계에 접목하면 어떨까?'
 그 순간 장영실의 머리 위로 불이 환하게 밝혀진 것 같았습니다. 어머니의 말씀대로 멀지 않은 곳에 답이 있었던 것입니다. 장영실은 물받이에 물이 차면 부력으로 인해 그 속에 꽂혀 있던 잣대가 떠오르고, 잣대가 물받이 밖의 구슬을 하나하나 건드리면 구슬이 떨어지며 목각 인형

의 팔을 당겨 종을 치게 했습니다. 마치 남대문 성루에서 종을 치던 관리와 같았습니다. 각기 다른 시간을 나타내기 위해서는 그 시간을 상징하는 동물 인형이 튀어나오게 했습니다. 이제 사람이 물시계 곁을 지키고 서 있지 않아도 누구나 정확한 시간을 알 수 있었습니다.

　세종은 이 시계가 스스로 시간을 알려 준다 하여 '자격루'라고 이름을 붙였습니다. 크고 정밀한 자격루의 위용은 참으로 대단했습니다. 장영실은 한마디 덧붙여 자격루를 소개했습니다.

"혼천의로 계산한 조선의 위치에 맞게 시간을 조정했습니다."

이로써 세종과 장영실의 과업이 커다란 결실을 맺었습니다. 조선만의 시간을 찾은 것이었습니다. 덕분에 조선은 자동 물시계를 발명한 나라의 대열에 끼게 되었습니다. 온 세계에서 자동으로 시간을 알려 주는 물시계를 가진 나라는 오직 중국과 아라비아 그리고 조선뿐이었습니다. 이후 세종은 조선의 글자 훈민정음을 창제하고, 조선의 음악인 아악과 향악을 정비했습니다. 조선을 조선답게 우뚝 서게 할 과업에 함께하게 된 것에 장영실은 한없는 보람을 느꼈습니다.

그러나 장영실은 거기서 멈추지 않았습니다. 가장 낮은 신분으로 살아 온 그는 백성들의 고충을 잘 알고 있었습니다.

'물시계는 크고 복잡해서 백성들이 직접 시간을 읽기 힘들어. 하지만 해시계라면 다르지. 바늘 그림자가 가리키는 눈금만 읽으면 돼.'

장영실은 몇 달에 걸쳐 작업실에 눌러살다시피 했습니

다. 백성들이 시간을 쉽게 읽을 수 있는 해시계를 만들기 위해서였습니다. 해시계는 해가 진 뒤나 날씨가 흐릴 때는 사용할 수 없다는 단점이 있었지만 얼마든지 작은 크기로 만들 수 있는 데다 시간을 읽기가 쉬웠습니다. 그렇게 해서 같은 해에 해시계 앙부일구가 완성되었습니다. 앙부일구는 넓은 구리 솥 모양인데, 그 속에는 그림자를 만들 뾰족한 시침과 시간와 계절, 절기를 알려 주는 정교한 그림과 눈금이 새겨져 있었습니다. 세종은 장영실의 기지를 크게 칭찬하였습니다.

"짐이 살피지 못한 점을 보완해 백성들을 위한 참 시계를 발명했구려. 앙부일구를 도성 안에 두어 백성들이 언제든 시간을 알 수 있게 하겠소."

장영실은 이후 집안에 두고 사용할 수 있는 해시계인 일성정시와 손바닥에 들어오는 크기로 어디든 갖고 다닐 수 있는 해시계 현주일구도 발명했습니다. 그는 훌륭한 기술을 궁에 드나드는 대신과 양반만 누리는 것이 안타까웠습니다. 그는 상의원 기술자들에게 늘 이렇게 말했습니다.

"과학은 인간이 만든 것이 아니라 자연의 이치인 바, 신분과 귀천을 막론하고 온 백성들이 누려야 한다."

7. 세자와 만든 측우기

 어느덧 1441년이 되었습니다. 장영실의 나이도 쉰에 가까워졌습니다. 이제 그는 상의원의 어른으로서 과학 기구의 제작을 감독하고 지휘했습니다. 후배 기술자들은 장영실을 존경하고 따랐습니다. 장영실을 향한 세종의 총애 역시 계속되었습니다. 종3품의 높은 벼슬인 '대호군'에 임명되기까지 했습니다. 그럴수록 높은 자리에 있는 벼슬아치들은 장영실에게 깊은 질투를 키워 갔습니다.
 세종은 신하들과 사냥을 나설 때에도 장영실을 곁에 두고 명령을 전달했습니다. 또한 어린 세자의 과학 선생으로 교육을 맡기기도 했습니다. 어느 날 세자가 세종에게

와 물었습니다.

"아버님, 소자 편전에서 대신들의 이야기를 들었사옵니다."

세종은 따뜻하게 세자를 맞았습니다.

"그래, 무슨 이야기를 하더냐?"

"백성들이 매년 가뭄이나 홍수로 귀한 논밭을 잃는다는 이야기였습니다."

세자가 수심 가득한 얼굴로 백성을 걱정하자, 세종은 대견하기 그지없었습니다. 세종이 세자에게 물었습니다.

"네 말이 맞다. 그렇다면 어찌 해결해야겠느냐?"

세종의 질문에 세자는 고개를 떨어뜨렸습니다. 아직 해결책은 생각해 보지 못했기 때문입니다. 세종은 채근하지 않고 부드럽게 덧붙였습니다.

"상의원의 대호군 장영실을 찾아가 보아라. 분명 방법을 찾는 데 실마리를 줄 게다."

다음 날 세자는 상의원으로 장영실을 찾아갔습니다. 세자의 이야기를 들은 장영실은 세자에게 숙제를 내주었습니다.

"세자마마께서도 아시다시피 여름에는 장마가 옵니다. 장마의 양은 해마다 달라서 어느 해는 홍수가, 어느 해는 가뭄이 들기도 하지요. 농부들의 고충을 덜어 주려면 비의 양을 미리 예측해야 합니다. 무언가를 예측하는 데는 기록만 한 것이 없지요."

세자는 그날부터 비가 올 때마다 동궁전 앞 땅을 파서 빗물에 젖어 들어간 깊이를 재었습니다. 그러나 도무지 정확한 빗물의 양은 재기가 어려웠습니다.

같은 시간, 장영실도 깊은 생각에 빠져 있었습니다. 어두운 달밤에 세종의 처소 곁에 설치한 물시계 '옥루'를 정비하던 차였습니다. 옥루는 1438년에 장영실이 세종 임금에게 바친 자동 물시계로, 아름다운 산천 위로 시간에 맞추어 해와 달 모형이 회전하고, 계절과 절기에 따라 색다른 조형물이 나타나게 한 시계였습니다. 세종은 옥루를 보고 시계가 아니라 자연의 이치를 그대로 담은 예술이라 칭할 정도였습니다. 장영실은 옥루 위에 펼쳐진 태평성대를 내려다보았습니다. 빛나는 황금 태양 아래로 물이 풍족하게 흐르고, 가운데 우뚝 솟은 산은 푸르른 위용을 자랑했습니다.

'백성들의 삶도 이와 같으면 얼마나 좋으리오. 그러나 자연의 힘 앞에서는 나의 시계도, 기술도 백성들을 지킬 수가 없구나.'

몇 년 전 채방별감*에 임명되어 온 나라를 돌아다녔을 때에는 수많은 백성들의 신음을 직접 듣고 보았습니다. 물난리로 한 해 농사를 망친 백성들은 오랫동안 굶주려야만 했습니다. 가뭄이 들어도 마찬가지였습니다. 어느새 세자의 고민은 장영실의 고민이 되어 있었습니다. 세자가 지펴 놓은 근심의 불길이 장영실의 마음을 아프게 했습니다. 아무리 최고의 기술을 가졌다 한들 한 해 농사를 이롭게 할 비의 양을 조절할 수는 없었습니다. 비는 하늘의 영역이었기 때문입니다.

그때였습니다. 어두운 뒤뜰 한편에서 머뭇거리는 발소리가 들렸습니다. 뒤를 돌아보니 세자가 작은 놋그릇을 들고 시무룩하게 서 있었습니다.

"세자 저하, 이 밤중에 어인 일이십니까?"

---

*채방별감 : 광물의 채굴을 감독하는 관리.

세자는 장영실에게 가까이 다가오더니 말했습니다. 힘이 없는 목소리였습니다.

"스승님, 하루 종일 땅을 파고 스며든 빗물을 재어 보려 했지만 허탕을 쳤습니다. 그래서 놋그릇을 동궁전 앞에 두어 빗물을 담았는데, 눈금이 없으니 정확한 빗물의 양을 기록할 수가 없었습니다."

장영실은 세자의 근성에 놀랐습니다. 어린 나이에 백성들을 걱정하여 종일 빗물을 맞으며 애썼을 마음에 장영실은 감동했습니다. 장영실은 세자가 내민 놋그릇을 건네받았습니다. 그런데 그때 날카로운 영감이 머릿속을 스쳤습니다.

"저하, 저하께서 해결책을 찾아내셨습니다!"

시무룩해 있던 세자는 장영실의 말에 고개를 갸우뚱했습니다.

"제가 해결책을 찾다니요?"

장영실은 도구 주머니에 있던 끌로 놋그릇 안에 작은 눈금들을 그었습니다.

"이렇게 일정한 눈금이 있는 금속 그릇에 빗물을 모으

면 매일 내리는 비의 양을 기록할 수 있겠지요. 가장 쉽고 정확한 측정을 위해서는 어떤 모양의 그릇이어야 하겠습니까?"

장영실의 질문에 세자는 손뼉을 딱 쳤습니다.

"길고 곧은 원통 모양 그릇입니다!"

장영실은 세자의 지혜와 도전 정신을 칭찬했습니다. 그리고 다음 날 세자와 함께 세종 앞에 나아갔습니다.

"전하, 세자 저하께서 백성들의 한 해 농사를 지킬 방법을 찾으셨나이다."

장영실은 세자가 고안해 낸 강수량 측정기를 세종에게 전했습니다.

"세자 저하의 생각대로 빗물의 양을 재는 기구를 만듦이 어떠하십니까? 매년 내리는 비의 양을 기록하면, 가뭄이나 홍수의 징조가 있을 때마다 백성들이 미리 대비할 수 있을 것입니다."

세종은 세자와 장영실의 뜻을 격려했습니다.

"지금까지 이토록 쉬운 해결책이 있을 줄 생각지 못했구나. 비의 양을 재는 기구이니 '측우기'라고 부르겠노라.

장영실은 빠른 시일 안에 측우기를 만들도록 하라."

그리하여 장영실은 측우기를 만들기 시작했습니다. 측우기의 원리는 세자의 제안만큼이나 단순했습니다. 원통 모양의 청동 그릇을 만들어 비가 올 때마다 야외에 놓아두면 되었습니다. 청동 원통에 일정한 눈금을 새긴 뒤 홈이 파인 화강암 기둥에 끼우니 측우기가 금세 완성되었습니다. 세자의 기지와 장영실의 기술 덕분에 조선은 세계에서 최초로 측우기를 만든 나라가 되었습니다. 유럽에서는 이후 이백 년이 지나서야 측우기가 등장했습니다.

같은 해, 장영실은 측우기의 원리를 이용하여 큰 강마다 눈금이 새겨진 돌기둥을 세웠습니다. 이로써 사람이 강에 들어가 재지 않아도 쉽게 강물의 깊이를 측정할 수 있게 되었습니다. 장영실은 이 기둥을 '수표'라 이름 붙였습니다. 수표 역시 홍수나 가뭄의 훌륭한 지표가 되었습니다. 이후 측우기와 수표는 조선의 각 고을에 설치되어 백성들이 농사일에 대비하는 데 큰 도움이 되었습니다.

8. 부서진 가마

 장영실은 꿈속에서 고향 바다 마을을 보았습니다. 끼룩대는 갈매기 떼와 저 멀리서 부딪치는 파도 소리가 귓가에 부서졌습니다. 작은 서당에서 아이들이 '하늘 천 따 지' 외우는 목소리도 들려오는 듯했습니다. 눈앞에는 외딴 초가집이 아른거렸습니다. 초가집 안에서는 그리운 어머니가 손을 흔들고 있었습니다.
 "어, 어머니!"
 장영실은 별안간 잠에서 깨었습니다. 몇 해 전 돌아가신 어머니를 꿈에 본 탓이었습니다. 비록 세종의 은혜로 어머니의 노년을 곁에서 지킬 수 있었지만, 사랑하는 어머니를 여읜 슬픔은 이루 말할 수 없었습니다. 어머니가 눈을 감으신 뒤 장영실은 퍽 수척해지고 쉽게 지쳤습니다. 쉰이 넘은 몸은 이미 젊은 시절의 기력을 잃었고, 오랜 향수병*까지 밀려오곤 했습니다.

'이제 내가 가진 재능을 다 쏟은 것일까……. 자꾸만 심신이 약해지는구나.'

장영실은 벼슬에서 물러나야 할 때임을 직감했습니다. 이제 상의원에는 장영실이 키운 실력 있고 젊은 기술자들이 넘쳐 났습니다. 언제 대호군의 자리를 내려놓더라도 안심이 될 정도였습니다. 장영실은 언제나 자신을 믿어 준 세종에게 감사의 절을 올리고 조용히 궁궐을 떠나고자 했습니다. 그러자 세종은 번번이 장영실을 말렸습니다. 그를 아끼는 마음이 여전했기 때문입니다. 때로는 화를 내면서까지 궁을 떠나겠다는 장영실의 청을 물렸습니다.

"전하, 망치질을 하기도 힘이 든 소신이 상의원에 남아 있는 것은 당치 않습니다. 이제는 고향 마을에서 젊은이

---

*향수병 : 고향을 그리워하는 마음이 깊어 시름하는 일.

들을 가르치며 여생을 보내고자 합니다."

"어허, 대호군은 어찌 짐을 떠나려는 것인가? 짐이 살아 있는 한, 백성을 이롭게 하는 기술을 베풀자던 약속을 깨서는 안 되네."

세종은 벼슬을 내려놓으려는 장영실의 청을 허락하기는커녕, 기력을 되찾으라며 갖은 탕약과 귀한 음식을 하사했습니다. 그때마다 장영실은 자신의 뜻을 꺾고 세종 곁에 남아 있었습니다. 변함없는 세종의 총애를 갚을 길이 없었기 때문입니다.

세종은 또한 종종, 궁을 떠나겠다는 장영실에게 도리어 상의원의 어려운 업무를 맡기기도 했습니다. 발명에 몰두하면 고향 생각을 조금이라도 덜 할까 싶어서였습니다.

세종은 장영실에게 이번에는 왕의 가마인 '연'을 새로 만들라고 명했습니다.

"가마를 만드는 것은 자네에게 큰일도 아닐 것이네. 성심을 다해 연을 완성해 보라."

"예, 전하. 그리하겠나이다."

장영실은 겸손하게 가마 제작을 시작했습니다. 가마는 네 귀퉁이를 어깨에 메어도 균형을 잘 잡을 수 있도록 정교하고 튼튼하게 만들어야 했습니다. 아름다운 장식과 형형색색의 채색도 빠져서는 안 되었습니다. 장영실은 귀한 기술을 훈련할 수 있는 기회라고 생각했습니다. 그리고 그 기회를 상의원의 후배 기술자들과 나누고자 했습니다.

"앞으로 한 달 동안 내 지휘 아래 임금님의 가마를 만들게 될 걸세. 모두 온 힘을 기울여 주게."

그러자 어린 기술자들의 눈이 반짝거렸습니다. 기쁜 마음에 저들끼리 소곤거리기도 했습니다.

"임금님이 타실 가마를 직접 만들 수 있다니 꿈만 같아!"

"이참에 대호군 나리께 내 실력을 보여 드리겠어."

장영실은 그들의 들뜬 얼굴에서 자신의 젊은 시절이 비춰 보였습니다. 노비였던 그가 상의원에 처음 발을 디뎠을 때가 떠올랐습니다. 설레는 마음으로 재능을 펼쳤던 그때가 손에 잡힐 듯 아련했습니다. 기술에 대한 열정으로 가득 찬 후배들을 보니, 장영실은 흐뭇하기 그지없었습니다.

　장영실은 후배 기술자들과 함께 차근차근 가마를 만들어 나갔습니다.

　"튼튼한 나무로 가마의 각 부분을 깎고 손질한 뒤 잘 조립해야 하느니라."

　그는 직접 나서지 않고 후배 기술자들을 곁에서 돕고 감독했습니다. 궁을 떠나기 전에 기술을 하나라도 더 가르치고 경험을 쌓도록 기회를 주고 싶었기 때문입니다. 장영실의 지휘 아래 연은 조금씩 모습을 갖추었습니다. 단단하고 위엄이 넘치는 가마 틀 위로 오색 빛의 넓고 커다란 천막이 드리워져 있었습니다. 완성된 가마를 들어 움직여 보니, 마치 큰 용이 네 다리를 펼치고 유유히 땅 위를 거니는 듯했습니다.

　"연의 모습이 참으로 장관입니다, 대호군 나리!"

　"대호군 나리가 안 계셨더라면, 저희는 몇 년이 걸려도 이렇게 훌륭한 가마를 만들지 못했을 것입니다."

　후배 기술자들은 입을 모아 장영실에게 공을 돌렸습

니다.

"아닐세. 모두 자네들의 뛰어난 손재주 덕분이지."

장영실은 연을 완성한 날, 최선을 다한 후배 기술자들을 집으로 불러 후하게 대접했습니다. 그들이 모두 자식처럼 대견했습니다.

며칠 뒤 세종은 새로 완성된 연을 타고 궁 밖으로 행차하기로 했습니다. 하루 빨리 새 가마의 위용을 보고 싶었습니다. 장영실이 후배 기술자들을 이끌고 편전 앞에 나아왔습니다. 그들 뒤로는 완성된 가마가 네 명의 가마꾼의 어깨에 들려 있었습니다. 편전을 나오던 세종은 가마를 보더니 크게 칭찬했습니다.

"과연 하늘을 가르고 내려온 용과 같구나. 궁궐 나인들의 말이 거짓이 아니었도다."

"과찬이시옵나이다, 전하."

장영실이 겸손하게 고개를 숙였습니다. 이제 세종이 가마에 오를 차례였습니다. 상의원 기술자가 가마 입구의 천막을 걷고 세종을 모시려는데, 갑자기 우지끈 하고 가마 한쪽이 부러져 나갔습니다.

"전하, 괜찮으십니까?"

"어서 가마를 만든 이들을 포박하라!"

일순간 편전 앞은 아수라장이 되었습니다. 군관들이 뛰어와 세종을 모셨고 장영실과 상의원 기술자들은 포승줄에 묶였습니다.

장영실은 눈앞에서 벌어진 일이 믿기지 않았습니다. 그러나 한 가지 생각이 스치며 그의 가슴을 철렁 내려앉게 했습니다.

'모든 과정을 후배들에게 맡긴 내 탓이다. 직접 팔을 걷어붙이고 함께 가마를 만들었어야 했는데…….'

가마가 부서진 이유는 능숙하지 못한 기술자들이 가마의 무게를 네 모서리에 균형 있게 싣지 못했기 때문이었습니다. 장영실은 후배 기술자들 대신 자신을 처벌해 달라고 호소했습니다.

"상의원 기술자들은 잘못이 없습니다. 모두 내가 제대로 감독하지 못한 탓이외다!"

세종의 사랑을 받으며 승승장구하던 장영실을 시기하던 대신들은 이때다 싶어 장영실의 실수를 물고 늘어졌습니다.

"옥체가 크게 상하실 뻔하였습니다. 장영실의 불경죄를 엄히 다스리셔야 하옵니다!"

"장영실을 파직*시키고, 곤장 백 대를 내리소서."

세종은 흥분한 대신들을 진정시키며 말했습니다.

"짐은 무사하오. 또한 대호군의 업적이 하늘에 닿을 정도인데 가마가 부서진 것만으로 어찌 벌할 수 있겠소?"

그러나 대신들도 물러서지 않았습니다.

"이번 일로 엄히 벌하시지 않으면, 앞으로 상의원 기술자들이 발명에 신중을 기하지 않을 것입니다. 장영실을 벌하여 본보기를 보여야 하옵니다."

---

*파직 : 벼슬을 빼앗음.

부서진 가마보다 세종의 무너진 마음이 더욱 처참했습니다. 세종은 궁을 떠나겠다던 장영실을 말린 자신을 탓했습니다.

'내가 순순히 대호군을 놓아 주었다면, 이번 사고로 대호군이 대신들의 먹잇감이 되지 않았을 터인데……. 모두 짐의 불찰이다!'

세종은 몇 날 며칠 동안 장영실을 엄히 벌하라는 대신들의 청을 들어야 했습니다. 이대로 두었다간 장영실이 살아서 궁을 나서지 못할 것만 같았습니다. 세종은 한 달 동안 결정을 내리지 못했습니다. 어떻게든 장영실을 지키고자 했기 때문입니다. 그러나 한 달 뒤, 세종은 어쩔 수 없이 장영실을 파직하고 곤장 팔십 대만을 명했습니다.

"일흔넷! ……일흔다섯!"

의금부 앞 빈터에서 장영실은 곤장형에 처해졌습니다. 상의원 기술자들은 홀로 곤장을 맞는 장영실 앞에서 울음을 터뜨렸습니다. 여든 번의 곤장을 맞은 장영실이 정신을 잃고 쓰러지자, 상의원 기술자들이 달려가 부축했습니다. 몇 달 뒤 몸을 추스른 장영실은 고향으로 떠날 채비를 했습니다.

장영실이 한양을 떠난다는 소식을 듣고 그의 스승 이천이 찾아왔습니다. 그는 세종이 친히 내린 서찰을 전해 주었습니다.

"전하께서 자네에게 이 서찰을 전하라 하셨네. 그 동안 정말 수고가 많았으이."

이천은 제자인 장영실을 안고 격려한 뒤 떠났습니다. 홀로 남겨진 장영실은 세종의 서찰을 펼쳤습니다. 익숙한 세종의 필체가 눈에 들어왔습니다. 장영실의 눈가가 벌써부터 뜨거워졌습니다.

대호군과 함께한 지난 세월은 짐의 자랑이오. 짐뿐 아니라 역사가 그대의 공적을 기억하리니 대호군은 후회 없이 고향으로 떠나도록 하시오. 임금의 자리에 있음에도 그대를 지키지 못해 억장이 무너지는 듯하오. 부디 이 부덕한 군주를 용서하시오.

장영실은 눈물을 흘리며 세종의 서찰을 품에 안았습니다. 한양에서의 지난 세월이 눈앞에 강물처럼 흘러 지나갔습니다.

 장영실은 도성을 뒤로하고 남으로, 남으로 발걸음을 옮겼습니다. 관악산 자락에 올라 뒤를 돌아보니 아름다운 한양의 모습과 웅장한 궁궐이 한눈에 들어왔습니다. 가마가 부서진 실패로 겪은 고통은 이제 그의 마음속에 남아 있지 않았습니다. 오직 임금님께 받았던 은혜와 재능을

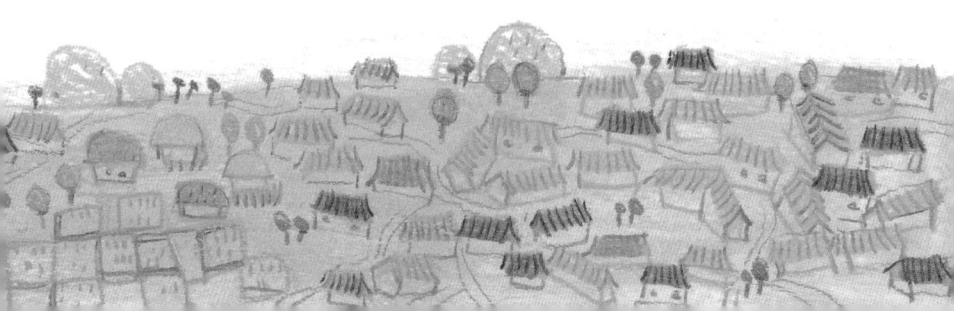

펼쳤던 청춘만이 한양의 경치 속에 녹아들어 있었습니다. 장영실은 미련 없이 한양을 떠날 수 있었습니다.

그가 언제 세상을 떠났는지는 알 수 없습니다. 그러나 신분을 뛰어넘어 재능을 펼치고, 과학 기술로 백성의 삶을 이롭게 한 그의 일생은 우리 역사의 한복판에 큰 자랑으로 남아 있습니다. 15세기 세계 최고의 기술자로 평가받는 그의 발명품은 조선 시대를 넘어 오늘날 우리에게도 훌륭한 유산으로 전해지고 있습니다.

역사인물 돋보기

장영실(13??~14??)

15세기를 대표하는 세계적인 과학자
장영실은 어떤 시대에 살았으며
조선의 과학 기술을 얼마나 발전시켰을까?
노비로 태어났지만 신분의 차별을 뛰어넘어
위대한 발명으로 역사에 기록된
장영실의 삶을 구석구석 살펴보자!

1. 장영실은 어떤 시대에 살았을까?

유교의 나라 조선

고려 말기, 나라의 살림은 갈수록 어려워지고, 백성들도 가난해져 많은 갈등이 생겨났습니다. 고려의 장군이었던 이성계는 왕을 쫓아내고 조선을 세웠습니다. 이성계와 뜻을 같이 한 사람들 중에는 성리학을 공부한 학자들이 있었습니다. 성리학은 중국의 '주자'라는 사람이 완성한 인간 본성의 이치를 밝히는 유교의 한 사상입니다. 그들은 이 사상을 바탕으로 나라를 부유하고 강하게 만들고, 백성을 중요하게 여겨야 한다고 생각했습니다. 그런 목표에 맞춰 법과 질서가 만들어졌고, 조선의 네 번째 임금인 세종은 백성이 잘사는 나라를 실현시키기 위해 애썼습니다.

주자

세종 대왕과 조선의 황금기

조선은 중국의 학문과 문화를 받아들여 세워졌지만 세종 때에 이르러 조선만의 문화를 꽃피웠습니다. 학문을 좋아하고 학자를 많이 키우고자 했던 세종 때문에 책을 찍는 인쇄술이 발달하게 되었고, 엄청난 양의 책을 펴낼 수 있었습니다. 또한 세종은 조선에 알맞은 농사법과 의약을 새롭게 연구했고, 법률과 제도를 정리했습니다. 그리고 과학 기술과 음악에서 놀라운 발전과 독창성을 이루는 데 기여했으며, 훈민정음까지 창제하게 되었습니다.

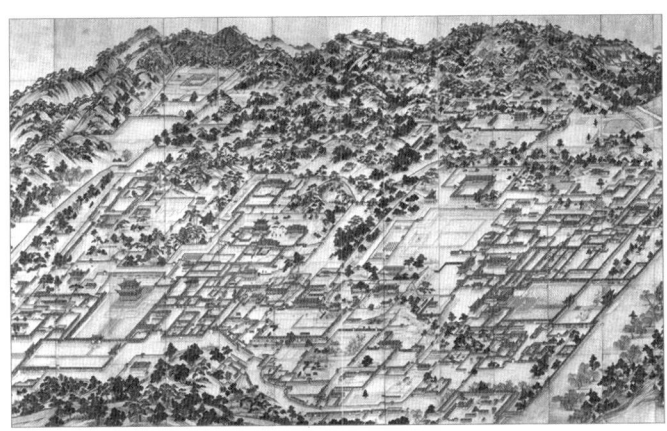

동궐도 이유지엄

2. 쏙쏙! 키워드 지식 사전

신분제

조선 사회는 사람을 양인과 천인으로 구분했습니다. 조선 초기에는 신분이 세세하게 나뉘지 않아 양인에는 양반을 비롯해 농민, 상인도 포함되어 있었습니다. 양인은 나라의 지배를 받는 자유인으로서 원칙적으로 과거 시험을 보아 나라의 지배층이 될 수도 있었습니다. 반면, 천인은 광대나 무당도 있었지만 관청이나 양반에게 속해 각자 주인의 지배를 받던 노비가 대부분으로 자유와 권리가 없었습니다.

천문학

농업은 나라 살림의 근본이었습니다. 시기에 맞춰 적절히 씨를 뿌리고 작물을 잘 수확하기 위해서는 기상의 변화와 천체의 일정한 주기와 법칙을 아는 일이 중요했습니다. 그러려면 지구의 어느 지점에 우리나라가 있는지, 지구가 태양을 도는 데 걸리는 시간이 정확히 얼마인지 등, 천체에 대한 지식이 필요했습니다. 그런 까닭에 세종은 우리나라에 맞는 천문학을 연구하고, 하늘을 관측할 수 있는 기계를 만드는 학자들을 길렀습니다.

상의원

왕의 의복이나 궁중에서 쓸 물품, 금은보화 등을 만들거나 관리하는 일을 맡던 곳입니다. 장영실은 천인이었기에 과거 시험을 볼 수 없었고, 벼슬도 할 수 없었지만 세종이 그의 재능을 아까워하여 상의원 별좌라는 자리에 임명했습니다. 장영실은 상의원에서 궁중에 필요한 물품을 만들거나 금속을 분리하는 일을 하며 금속 활자도 만들었을 것으로 학자들은 추측하고 있습니다.

갑인자

3. 세계적인 조선의 과학 기술자들

이순지(1406?~1465)

세종 시대의 대표적인 천문학자입니다. 해·달·별 등 천체의 움직임에 따라 주기적으로 일어나는 자연 현상을 연구해 한 해의 절기나 계절을 정하는 '역법'을 우리나라에 맞게 바로 세웠으며, 역법 책인 『칠정산』을 펴냈습니다.

이천(1376~1451)

왜구를 토벌하며 무신으로서 많은 공을 세운 그는 과학 기술 면에서도 재능이 뛰어났습니다. 그래서 1420년 경자자를 만들어 조선의 인쇄 기술을 높였습니다. 이후 1434년에는 더 아름답고 튼튼한 갑인자를 완성했습니다.

정초(13??~1434)

세종의 명령을 받아 우리나라 환경에 맞는 농사법에 대한 책인 『농사직설』을 펴냈고, 이순지와 함께 『칠정산』을 펴내는 일에도 참여했습니다. 또한 이천과 함께 혼천의를 만들었고, 천문학자로서 다른 과학 기술자들을 도왔습니다.

4. 15세기 조선의 최첨단 천문기기

앙부일구

1434년에 청동으로 만들어진 반구형의 해시계입니다. 여러 나라에 해시계가 있었지만 이런 형식은 어디에서도 볼 수 없는 독특

앙부일구

하고 정확한 시계였습니다. 또한 사람들이 많이 모이는 서울의 중심가에 설치되어 누구나 볼 수 있었던 우리나라 최초의 공중 시계였으며, 글자를 모르는 사람들도 시간을 알 수 있도록 한자가 아닌 그림을 새겼습니다.

자격루

장영실은 총 세 가지의 물시계를 만들었는데, 그중에서 자격루는 장영실이 두 번째로 완성한 '자동 물시계'로 물의 일정한 흐름으로 움직이는 구슬과 인형이 종과 징, 북을 쳐서 자동으로 시간을 알려 주는 최첨단 기계였습니다. 이로써 우리나라만의 표준 시간이 생겼습니다.

혼천의와 간의

혼천의는 해와 달, 행성 등의 천체를 관측하는 기계이자 천문시계입니다. 중국에서 기원전 2세기경에 만들어져 거듭 발전해 왔습니다. 간의 또한 천문 관측 기계인데 오늘날 유물이 남아 있지 않습니다. 다만 간의대라는 이름에서 알 수 있듯 간의를 설치한 건축물이 있었고, 기록을 통해 조선 땅이 적도로부터 얼마나 떨어져 있는지 관측했던 기구였다는 걸 알 수 있습니다.

혼천의

측우기

비가 온 양을 잴 수 있는 세계 최초의 우량계입니다. 단순한 발명품이지만 농경 사회에서 비의 양을 예측하는 것은 매우 중요한 일이었습니다. 1442년부터 측우기가 전국적으로 사용되어 비가 내린 시간과 그친 시간 그리고 비가 내린 양을 기록했습니다.

5. 한눈에 보는 장영실의 발자취

1421년 윤사웅, 최천구와 함께 천문기구를 공부하기 위해 중국으로 떠났습니다.

1423년 종5품인 상의원 별좌에 임명되어 천민이라는 신분에서 벗어났습니다. 상의원에서 장영실은 금속을 다루는 일을 한 것으로 추측되고 있습니다.

1424년 첫 번째 물시계인 경점지기를 만들었습니다. 그 공로로 정5품의 행사직으로 승진했습니다.

1432년 세종의 명령에 따라 천문 기계들이 만들어지기 시작했는데, 장영실도 이 일에 참여해 여러 가지 천문 관측기구를 발명했습니다.

1433년 유럽보다 300여 년이나 앞선 기술인 자동 물시계 자격루를 발명했습니다.

1434년 자격루가 7월에 공식적으로 사용되기 시작했습니다. 또한 정교한 활자였던 갑인자를 완성하는 데에도 힘을 보탰습니다.

1438년 시간과 절기까지 알 수 있는 천문 장치이자 자동 물시계 옥루를 만들었습니다. 그 공로로 종3품 벼슬인 대호군에 올랐습니다.

1442년 자신이 만든 임금의 가마가 부서지는 바람에 파직되어 더 이상 역사의 기록에서 찾아볼 수 없게 되었습니다.

〈역사를 바꾼 인물들〉 시리즈, 함께 읽어 보세요!

❶ **이순신**, 거북선으로 나라를 구하다 박지숙
❷ **김구**, 통일 조국을 소원하다 박지숙
❸ **루이 브라이**, 손끝으로 세상을 읽다 마술연필
❹ **세종 대왕**, 세계 최고의 문자를 발명하다 이은서
❺ **정약용**, 실학으로 500권의 책을 쓰다 박지숙
❻ **민병갈**, 파란 눈의 나무 할아버지 정영애
❼ **이회영**, 전 재산을 바쳐 독립군을 키우다 이지수
❽ **노먼 베쑨**, 병든 사회를 치료한 의사 이은서
❾ **장영실**, 신분을 뛰어넘은 천재 과학자 이지수
❿ **마틴 루서 킹**, 나에게는 꿈이 있습니다 이지수
⓫ **신사임당**, 예술을 사랑한 위대한 어머니 황혜진
⓬ **헬렌 켈러**, 사흘만 볼 수 있다면 황혜진

이지수 서울에서 태어났으며 숙명여자대학교에서 불어불문학을 공부했습니다. 2009년 서울시 주최 '해치 창작동화' 공모전과 2011년 환경부 주최 '나무로 만든 동화' 공모전에 동화가 당선되어 창작 활동을 시작했고, 오랫동안 아동청소년문학 전문 기획 및 편집자로 활동하며 어린이와 청소년을 위해 유익하고 감동적인 책을 펴냈습니다. 지은 책으로는 『이회영, 전 재산을 바쳐 독립군을 키우다』, 『장영실, 신분을 뛰어넘은 천재 과학자』가 있습니다.

김미은 명지대학교에서 의류학을 공부했으며 지금은 어린이 책에 그림을 그리고 있습니다. 그린 책으로『내 사랑 도토리』,『왜 물이 사라지면 안 되나요?』,『1학년 창작동화』,『1학년 이솝우화』,『1학년 전래동화』,『1학년 명작동화』,『우리 조상들은 얼마나 책을 좋아했을까?』,『장영실, 신분을 뛰어넘은 천재 과학자』 등이 있습니다.